다시, 을지로

BOOK
JOURNALISM

다시, 을지로

발행일 ; 제1판 제1쇄 2018년 3월 19일 제1판 제2쇄 2019년 7월 15일
지은이 ; 김미경 발행인·편집인 ; 이연대
주간 ; 김하나 편집 ; 송수아 제작 ; 허설
지원 ; 유지혜 고문 ; 손현우
펴낸곳 ; ㈜스리체어스 _ 서울시 종로구 사직로 67 2층
전화 ; 02 396 6266 팩스 ; 070 8627 6266
이메일 ; contact@threechairs.kr
홈페이지 ; www.bookjournalism.com
출판등록 ; 2014년 6월 25일 제300 2014 81호
ISBN ; 979 11 86984 30 7 03300

BOOK
JOURNALISM

다시, 을지로

김미경

: 산업화 시대의 상징이던 을지로가 전시와 음악, 커피와 와인, 기술과 예술이 어우러진 문화 예술 공간으로 바뀌고 있다. 제조업 장인과 문화 예술가, 청년 사업가 들이 모여 도시의 의미를 다양하게 변주한다. 도심 제조업 지역이라는 본래 가치부터 창의 산업과 문화예술에 이르기까지, 을지로는 무궁무진한 잠재력을 알아보는 사람 들을 만나 시민들에게 다시, 화려하게 다가간다.

차례

프롤로그   을지로의 힘

화려한 스카이라인으로 상징되는 도시의 모습은 계획적으로 조성된 근대의 산물, 혹은 권력자의 이해관계와 이데올로기의 집합체처럼 보인다. 도시는 언제나 땅과 건물을 가진 이들에게는 더 많은 수익을, 도시 정책 담당자들에게는 더 많은 세금을 안길 수 있는 방향으로 발전해 왔다. 그러나 이 공간에 애정을 조금만 가져 보자. 그동안 보지 못했던 모습이 보이기 시작한다. 우리는 도시를 지배하는 사람들이 보여 주는 것만을 보지 않는다. 도시는 구체적인 상징과 기억, 욕망이 담겨 있어 해석의 여지가 다분한 일종의 텍스트다. 시민들은 도시에서의 경험과 습득한 기호 등을 각자의 그물망으로 엮어 의미를 만든다. 도시민들의 숫자만큼 의미 형성 작용이 반복되면서 도시는 단순한 물리적 '공간'에서 사람들의 기억이 서린 하나의 '장소'로 탈바꿈한다.

서울 한가운데에 위치한 남산을 떠올려 보자. 어떤 사람은 남산을 그저 서울 도심에 있는 하나의 산으로만 여기겠지만, 이곳에서 연인과 함께 사랑의 자물쇠를 채워 본 경험이 있는 사람에게는 단순한 산 이상의 추억이 담긴 장소다. 자물쇠를 채운 이들의 기억은 그 무게만큼 쌓여 도심 속 평범한 자연 지형에 '연인들이 사랑을 약속하는 장소'라는 또 하나의 정체성을 부여한다. 도시민들이 평범하게 수행하는 일상생활은 물리적인 형태만 존재했던 도시 곳곳에 의미를 각인하며 사람들의 기억과 흔적을 이끌어 낸다. 이 과정에서 무채색의 도시에 거주민의 숫자만큼 다양한 배합으로 색을 입힐 수 있는, 보통 사람들의 일상이 가지는 힘을 발견한다.

서울 을지로는 지난 반세기 동안 '도심 속에 위치한 근대 제조업의 산실'로 불렸다. 한국 전쟁 후 국토를 재건해 권력과 지배의 정당성을 확보해야 했던 지도자들은 을지로를 단숨에 한강의 기적이라 불리는, 한국식 압축적 근대화의 첨병으로 만들었다. 당장 끼니를 걱정해야 하는 피난민들은 근대화 프로젝트에 기꺼이 참여했고 전후 폐허 속에서 을지로는 순식간에 발전할 수 있었다. 을지로 일대에는 없는 게 없고 못 만드는 게 없다는 시쳇말처럼, 제조업이 호황을 누린 20세기 후반에 한국에서 생산되고 판매되는 최첨단의 과학 기술과 도구는 웬만하면 '메이드 인Made in 을지로'였다. 밤낮없이 일하며 서울 시민의 삶을 현대적인 모습으로 바꿀 제품들을 짧은 시간 안에 대량으로 제작해 더 많은 자본을 끌어모으는 것이 당대 을지로에 주어진 사명이었다. 이는 노동자 개인의 목표이면서 서울의 목표이기도 했다.

을지로를 위시한 서울 도심 근대화 프로젝트는 20세기 사회를 지배한 서구식 합리주의, 자본주의와 맞닿아 있다. 사회가 가장 합리적으로 진보하기 위해서 신에게 부여받은 근대적 이성을 추구해야 한다는 서구의 믿음은 자연 과학 법칙의 절대성을 발현시켰다. 논리적으로 설명할 수 있는 것과 그렇지 않은 것, 선과 악, 성聖과 속俗 등 좋은 것과 나쁜 것으로 분류하는 이분법적 사고는 자본주의와 결합해 자본을 추구하는 것이 가장 합리적인 행위이며 자본을 지향하지 않는 행위와 사상은 쓸모없다는 인식을 심어 주었다. 자연스레 을지로에서도 돈을 벌어다 주는 노동은 고귀하지만 그에 반대되는 것, 즉 먹고 마시고 놀거나 대화를 나누고, 때로는 다투기도 하는 평범한 일상은 감성적이거나 비논리적이라는 이유로 논의에서 배제되었다. 이성의 시각에서 이해할 수 없는 일들은 잔여물이나 예외 정도로 간주하였다.

그러나 시간이 흐르면서 합리성과 실용성만을 강조하던 산업 구조가 변했고 합리주의는 더 이상 사회를 지배하는 절대적인 사상이 아니다. 근대적 이성과 과학이 인간을 구원하리라는 확신은 비판에 직면했다. 자연스레 을지로 일대의 자본 집약적 제조 산업도 쇠퇴하면서 을지로는 지는 해가 되었다. 이곳의 일상이란 나이 지긋한 제조업 장인들이 얼마 남지 않은 자리를 묵묵하게 지키는 것뿐이었다. 유일하게 20세기의 모습을 그대로 간직한 을지로는 나날이 발전하는 서울속 외딴 섬처럼 보였다.

심심한 일상에 변화를 불러일으킨 건 비실용적인 행위들이었다. 을지로의 변화는 평범한 사람들, 조금 더 자세하게는 우리 주변 청년들의 시도에서 시작한다. 명맥만을 유지하던 제조업 지역에서 새로운 삶을 시작하는 청년들은 '노동 대對 놀이'라는 이분법으로 정확하게 가르기 어려운 모호한 작업을 시작했다. 이들이 주최하는 전시나 공연은 생산적이지만 딱히 돈이 되는 일은 아니다. 청년들이 여는 음식점도 을지로 인구의 대다수를 구성하는 제조업 종사자들이 도무지 들를 것 같지 않은 젊은 취향을 겨냥한다. 공간의 정체성도 모호하다. 이들이 추구하는 공간의 명시적인 기능이 카페인지 디자이너 작업실인지 한눈에 구분할 수 없다. 자본주의적 합리성에 비추어 보았을 때 이들의 행동은 비합리적이며 감성적이거나 기이한 것으로 보이기까지 한다. 일생에서 경제 활동을 가장 왕성하게 해야 하는 청년층이 도통 돈이 될 것 같지 않은 일들을, 어울리지 않는 을지로에서 한다니.

그런데 놀랍게도 이들의 비합리적인 행동이 스러져 가던 을지로에 새로운 활기를 불어넣고 있다. 근면과 노동, 생산성 등의 수식어로 을지로의 기능적 측면을 부각하던 언론은 이제 전시와 음악, 커피와 와인 등이 속속 등장하는 을지로의 변화를 문화나 예술 같은 단어로 설명하고 있다. 제조업과 공업이 경제 발전의 일선에서 후퇴한 뒤에도 수십 년간 을지로 사람들이 제조업을 고수해 왔다는 사실을 떠올리면 을지로의 변화 속도는 경이롭다. 청년들은 수십 년간 장인들이 철

제와 유리, 전자 회로와 씨름하며 두툼히 쌓아 온 세월에 신선한 충격을 선사한다. 이들은 노동의 기억이 내려앉은 회색의 장소에 다채로운 즐거움을 끌어들여 도시의 의미를 다양하게 바꾸고 있다.

을지로에서 일어나는 탈합리주의적인 흐름을 일상이 사회 변화의 원천이 된다는 '일상생활의 사회학sociology of everyday life'과 '공간적 상상력spatial imaginary'이라는 사회학 틀로 바라보려 한다. 근대적 합리성을 추구하는 사회의 거대한 흐름과 담론에만 주목하던 기존의 사회학적 관점에서 일상생활은 논의의 대상이 아니었다. 비합리성의 영역은 과학적인 논리나 법칙으로 설명하고 해석할 수 없기 때문이다. 그러나 평범한 사람들의 사소한 일상은 언제나 사회에 존재해 왔을 뿐만 아니라 분명히 사회의 한 부분을 담당해 왔다. 일상생활의 사회학은 이 평범하고 사소한 일상의 생명력과 민중이 가진 힘에 집중한다. 일상생활의 사회학 관점에서 노동과 놀이를 절묘하게 뒤섞은 청년들이 살아온 이야기와 앞으로 이곳에서 살아갈 이야기에 주목해야 하는 이유다.

심심한 도시 공간이던 을지로에서 청년들과 제조업 종사자들이 어우러져 만들어 낸 생동감 넘치는 이미지는 사람들에게 상상력을 불러일으킨다. 공간적 상상력은 일상의 공간이던 을지로를 다른 관점으로 비틀어 바라보게 하면서 사람들이 공간에 기억과 애정을 가지도록 한다. 상상력이 가미된 을지로는 각자에게 다른 이유로 소중한 하나의 장소가 된다.

그간 도시는 도구적이고 기능적인 역할만을 부여받았다. 효율성과 실용성에 입각해 건립된 도시 환경은 제 역할이 끝나면 흔적도 없이 철거되어 사라졌다. 그러나 기존의 개발 방식은 노후한 건물과 함께 그곳의 역사와 삶의 흔적까지도 지운다는 비판을 받았다. 이에 따라 건축물의 외형은 최대한 살리되 그 용도는 실제로 사용할 수 있도록 바꾸는 도시재생 방식이 주목받고 있다. 을지로 역시 개발 방식의 변화로 근대적인 도시 환경을 간직할 수 있었고, 이제 청년들은 이곳에서 과거의 기억과 각자의 새로운 삶을 접목시킨다.

을지로의 가치는 청년들이 먼저 알아보았다. 도시재생 지구로 선정되기 이전부터 을지로에 들어온 청년들은 이 일대를 단순한 제조업 지역이나 문화예술로 점철된 거리가 아닌 제조업과 문화예술이 적절하게 결합된 새로운 방향으로 재탄생할 수 있도록 만들었다. 서울시의 도시재생사업 '다시· 세운 프로젝트'도 이들의 방향성을 존중하며 협력한다. 단선적이었던 을지로 공간을 활용하는 경우의 수는 이제 폭발적으로 증가했다. 도시로서 을지로가 가지는 생명력 역시 꾸준히 확대되고 있다.

을지로의 변화를 이끈 영광을 청년들에게만 돌리자는

것도, 문화예술이 가진 거룩하고 위대한 힘을 칭송하자는 것도 아니다. 수십 년간 묵묵히 제조 산업에 종사해 온 이 일대의 제조업 종사자, 이른바 장인匠人들과 청년들이 함께 만들어 나가는 평범하고도 새로운 일상의 모습에 주목하고 싶었다. 을지로는 오랜 시간 축적해 온 노동의 이미지를 벗어나 기술과 예술, 낡은 것과 새것이 조화롭게 공존하는 방향으로 정체성을 만들어 가고 있다. 청년들이 천편일률적인 모습에서 벗어나 새로운 삶의 방식을 실험해 보는 곳이자 이들과 함께 살아가기를 기꺼이 선택한 제조업 장인들의 삶이 있는 곳이 바로 을지로다.

이탈리아의 작가 이탈로 칼비노Italo Calvino는 1972년작인 대표 소설《보이지 않는 도시들》에서 탐험가 마르코 폴로와 그가 방문한 가상 도시들의 이야기를 전해 듣는 중국 황제 쿠빌라이 칸의 대화를 통해 있음 직하지만 없는, 말 그대로 상상 속의 도시에서 사람들이 살아가는 모습을 묘사한다. 환상 속에 존재하는 55개의 '보이지 않는 도시들'은 이어질 듯 이어지지 않으며 각기 다른 시공간의 연속선상에 존재한다. 그러나 마치 현실의 도시를 상상케 하는 이야기를 듣고 있자면 공간이 지닐 수 있는 형태와 의미를 곱씹어 보게 된다. 칼비노는 도시란, 시민에게 그저 주어진 것이 아니라 유형의 재화와 더불어 거주민들의 기억과 추억, 언어와 기호, 개인적인 욕망

등 무형의 것들까지도 교환되면서 의미가 만들어지는 공간이라고 이야기한다.

을지로 역시 마찬가지다. 도시를 바라보는 관점이 점차 달라지고 있는 지금, 서울의 역사를 고스란히 간직한 을지로에는 수없이 많은 기호와 욕망, 상징과 언어 등 엮어 낼 수 있는 요소가 풍부하게 잠재되어 있다. 이를 발견한 사람들이 각자 만들어 낸 다양한 결과물들은 도시를 이루는 하나의 무늬가 되고, 그 무늬들이 쌓이면서 도시는 의미를 가진다. 누적된 의미는 때로는 지역의 독특한 정체성을 지탱하는 힘이 되고, 때로는 도시가 새로운 방향으로 발전하는 동력이 된다. 을지로는 계속 변화하고 있다. 앞으로 다른 모습으로 변화할 가능성 역시 무궁무진하다. 지속 가능한 도시를 위해서는 도시의 기억을 지키는 일을 제조업 상공인 협회나 예술가 단체에만 일임해서는 안 된다. 칼비노가 이야기했듯, 도시에는 대다수의 평범한 사람들이 만들어 내는 각자의 의미가 담긴다. 을지로가 투기성 자본, 무수한 프랜차이즈 카페로 점철되는 뻔한 결말을 맞이하지 않기 위해서는 끊임없이 장소로서의 가치를 지녀야 한다.

다시 을지로에 주목하려는 노력은 을지로가 회색빛의 보이지 않는 도시가 아닌, 무한한 활용 가능성과 선명하고 다양한 색을 가진 도시로 나아가는 토대가 되어 줄 것이다.

서울의 오래된 미래

금속을 갈아 내는 날카로운 소리와 매캐한 냄새. 언제부터 그 자리를 지켰는지 모를, 얼기설기 쌓아 올린 불규칙한 건물들. 건물 외벽에는 붓으로 정성스럽게 글자를 써 내려간 간판들이 옹기종기 붙어 있다. 그 사이로 물건들이 대중없이 쌓여 좁아진 골목을 삼발이[1]와 용달차가 분주하게 돌아다닌다. 서울에서 이제는 찾기 힘든 풍경이지만 발전과 진보의 꿈이 오랜 시간 축적되어 만들어진 이곳, 을지로를 잘 아는 사람이라면 쉽게 떠올릴 수 있는 풍경이다. 원재료의 형태로 들어온 각종 자재들은 을지로에서 장인들의 손을 거쳐 공구, 조명, 미싱, 타일도기, 조각, 가구, 인쇄물 등 훌륭한 완제품으로 탄생한다. 을지로는 빌딩숲이 빽빽한 서울 도심에서 마치 홀로 시간이 멈춘 듯, 여전한 도심 속 제조업 지역으로 살아 숨 쉬고 있다.

그런데 최근 이 노동의 공간에 조심스럽게 둥지를 튼 이들이 있다. '빠-빠-빠-탐구소', '슬로우 슬로우 퀵 퀵Slow Slow Quick Quick' 등 알쏭달쏭한 이름의 간판을 보일 듯 말 듯 내건 문화예술가들이다. 20세기 후반, 제조 산업 발전이라는 목적에 걸맞게 도구적 의미의 기계들만이 가득하던 을지로에 새롭게 자리 잡은 문화예술가들은 기술과 문화가 결합한 새로운 형태의 예술을 시도한다. 그 결과 을지로는 지금 '핫'하고 '힙'해지고 있다. 서울의 도시 문화와 건축을 한데 묶어 다룬 2017년 제1회 서울도시건축비엔날레 역시 서울 도심에서 드라마틱한 변화를 이루어 낸 구심점 중 한 곳으로 을지로를 선정했다.[2] 오랜 시간 동안 기계와 노동이 지배하던 공간에 들어온 문화예술은 합리적이고 이성적인 장소에 휴식과 축제의 의미까지도 부여한다. 산업 노동과 문화예술, 접점이라고는 찾아보기 힘든 이질적인 두 사회적 실천 영역이 도심 한가운데서 조우하도록 한 을지로의 힘은 어디에서 출발한 것일까?

을지로, 흥망성쇠의 역사

을지로乙支路. 광복 이후인 1946년, 일본식 동명洞名 정리 사업이 시행되면서 고구려 장수 을지문덕乙支文德의 성姓인 '을지'를 딴 이름의 길이 생겼다. 행정구역상으로는 서울특별시 중구 명동에 속하는 을지로 1, 2가와 을지로동에 속하는 을지로 3, 4, 5가, 산림동, 입정동, 광희동에 속하는 을지로 6, 7가, 그리고 인현동 등을 아우른다. 더 넓게는 청계천 북쪽으로 인접한 종로구 장사동, 예지동 등을 포함하여 이르기도 한다.

　　1910년대, 도심의 노른자 땅인 을지로 일대에서는 일찍이 근대적인 형태의 제조 산업이 시작되었다. 일제는 1912년 시구개수사업市區改修事業[3]과 1934년 토지구획정리사업을 시행하면서 을지로를 서울, 당시 경성 도시 계획의 주요 거점으로 지정했다. 이 당시까지만 해도 도심 속 상업가는 조선 시대부터 이어져 오던 육의전과 운종가 등 종로 일대에 머물렀다.

하지만 시구개수사업으로 현재 을지로3가 일대에 황금정광장黃金町廣場[4]을 설치하고 방사형 도로 계획을 세워 정비하면서 을지로에도 점차 공업소가 생겨났다.[5] 일본인들은 도로 정비 계획이 시행되자 식민지에서 근대 방식의 상공업을 시작할 수 있었다. 그들은 청계천 이남에 새로이 '남촌'이라 불리는 거주 밀집 지역을 형성하고 영세한 규모의 공장을 지었다. 이는 1920~1930년대 을지로 공업을 방직과 식품, 인쇄업 등의 경공업 위주로 발전시키는 출발점이었다. 동시에 당시 본정통本町通[6]이라고 불리던 충무로 일대에는 수입품 판매점이 들어섰다. 이로써 을지로는 명실상부한 경성의 대표 상업가가 되었고, 일제 강점기의 일본인들과 소수의 조선인들은 이곳에서 경성의 근대화를 이끌었다.

근대 공업이 발전하고 상업가가 형성되며 점차 자본주의에 입각한 근대 도시의 모습을 갖춰 가던 을지로와 충무로 일대는 해방 직전 다른 국면을 맞이했다. 제2차 세계대전의 전세가 기울면서 1945년 3월 일제가 이 일대를 소개공지대疏開空地帶[7]로 조성한 것이다. 그러나 소개 작업은 일제 패망과 광복으로 중단되었고, 이후 한국 전쟁을 겪으며 을지로는 무질서한 상태로 방치되었다. 한국 전쟁 중이던 1952년에도 서울시는 최초의 도시 계획인 전재복구계획戰災復舊計劃을 세워 이곳을 소방도로로 지정하고 도심 일대를 복구하고자 했지만 큰 성과를 거두지는 못했다. 허가 없이 아무렇게나 지어 올린 건물들과 '하꼬방'이라 불리는 판자촌은 계속해서 청계천 변과 을지로 일대에 들어섰고, 전쟁이 끝난 후 정비되지 않은 도시는 한동안 해방 귀국민과 전쟁으로 고향을 잃은 피난민, 지방 이주민의 임시 거처가 되었다. 행정력이 부재했던 탓에 슬럼화가 급격하게 진행되었지만, 힘겹게 생활하던 피난민들은 제대로 된 거처를 찾을 형편이 아니었다. 난민들은 생존을 위해 거주지 근처에 좌판과 노점을 깔고 생활용품과 잡화, 미군 부대에서 흘러나온 물품 등을 판매했다. 기계와 철물 등 고철 덩어리를 줍거나 훔쳐 와서 되팔기도 했다. 혼란 속에서도 지속되었던 주민들의 비공식적 경제 활동은 1950~1960년대 을지로를 주거와 상업이 혼재된 지역으로 만들었다.[8]

1966년, 도시 개발 사업을 공격적으로 밀어붙여 '불도 저'라고 불리던 김현옥 서울시장이 취임하면서 전쟁 이후 황폐해진 서울 도심을 재건하는 프로젝트가 시작되었다. 사실 서울시는 김 시장이 취임하기 이전인 1960년대부터 이미 청계천 복개 사업을 통해 무허가 판자촌을 철거하기 시작했다. 큰비가 오기만 하면 범람하는 청계천 문제와 더불어 판자촌 주민들의 불법 거주 문제를 해결하고자 한 것이다.[9] 청계천 변에서 실핏줄과 같이 좁다란 골목으로 이어진 을지로 일대, 즉 거주와 상업 기능이 혼재했던 도심 지역은 판자촌 주민들이 빠져나가면서 자연스럽게 상업 공간으로 변화했다. 좌판과 노점으로 돈을 번 일부 도시민들은 영세한 규모로나마 정식으로 점포를 얻어 사업을 시작했다. 이들은 과거 미군 부대의 기계와 공구를 가져다 팔던 데에서 비롯해 중구 산림동과 입정동을 중심으로 산업용품을 판매하거나 제작하는 소규모 업장을 운영했다. 제작과 수리, 판매, 심지어 중간 단계의 상인까지도 촘촘하게 모여 연결되는 도심 제조업의 특성을 보이면서 을지로 일대는 제조 산업 클러스터로 발전했다.

을지로에 영세한 규모의 상공업소가 늘어나기 시작할 즈음, 김 시장은 소개 작업이 이루어지다 만 채로 방치되었던 기다란 소개공지에 주상 복합 시설을 유치했다. 김 시장은 이곳의 무허가 건물을 철거하여 정리하고 민간 자본을 유치해서 '산뜻한 건물'을 짓겠다는 계획을 밝혔다.[10] 이후 김 시장은 재개발 지구 지정, 건축 계획 수립, 기존의 건축물 철거를 거의 동시에 진행하면서 불도저다운 면모를 보였다. 빈 지역은 김 시장의 추진력과 김수근 건축가의 진두지휘 아래 차례로 현대상가[11], 세운상가 가동, 청계상가, 대림상가, 삼풍상가, 풍전상가, 신성상가, 진양상가로 탈바꿈했다. 여기에는 민간 건설사의 자본이 투입됐다. 상가 건립에 부족한 공공 기금은 민간 건설사들의 투자를 받아 메웠고, 그 대가로 건설사들은 도심 속 기다란 상가에 회사 이름을 새길 수 있었다. '쌀가게

와 연탄 가게를 빼고는 서울에서 보고 들을 수 있는 모든 것을 갖춘' 곳이라는 언론 보도처럼, 세운상가는 명실공히 서울 한가운데서 가장 큰 상공업 기능을 수행하는 공간이었다.[12]

종묘 앞부터 퇴계로에 이르는 1킬로미터 남짓한 구간에 걸쳐 자리 잡은 세운상가는 당시 서울에서 가장 큰 주상 복합 건물이자 최신식 건축 기법의 진수였다. 거대한 건물을 기둥으로 떠받치는 필로티pilotis[13] 기법을 적용해 1층에는 자동차가 지나다닐 수 있었고, 3층에는 보행 데크를 설치해 건물과 건물 사이를 이었다. 김수근 건축가는 세운상가에 모더니즘 건축의 이상을 담아 내부를 중정atrium 형태로 구현했다. 세운상가 이후로 비슷한 건축 기법이 유행처럼 번졌고, 서대문구 홍은동 유진상가를 비롯한 서울의 주상 복합 건물 설립 계획에 영향을 미쳤으니 서울이 물리적으로 근대의 모습을 갖추는 데에 일조한 성공 모델이었다고 할 수 있다. 1~4층은 점포, 5층 이상은 아파트로 구성되었으며, 3층 양편에는 건물과 건물을 연결하는 고가 산책 도로를 설치해 종로3가에서 대한극장 앞까지 이었다. 5개의 공원과 21대의 엘리베이터, 주차장, 전화 교환 시설을 갖추었고, 건물 주민만을 위한 동사무소, 파출소, 은행, 우체국, 국민학교 등의 공공시설까지 입주시켜 건물 밖을 나가지 않아도 기본적인 생활을 영위할 수 있었다.[14]

세운상가가 세워지면서 을지로 주위에 흩어져 있던 제

조업 기능의 상당 부분도 세운상가로 흡수되었다. 세운상가의 호황은 제조 산업의 수요를 증폭시켰고, 제조업 종사자들은 을지로 일대를 큰돈 벌 수 있는 기회의 땅으로 여기며 이곳으로 모여들었다. 제조 산업 클러스터였던 을지로에는 제작부터 가공과 판매까지, 모든 업종이 유기적으로 연결되어 있었다. 하나의 공정을 처리한 사업장이 다음 공정을 담당하는 인접한 사업장을 소개해 주는 특유의 사업 방식은 별다른 홍보 없이도 손님들을 자연스럽게 을지로 안으로 끌어들였다. 이곳에서 오랫동안 장사를 해온 제조업 종사자들은 호황을 누리던 당시 을지로의 분위기를 기억하고 있었다.

"서울엔 대학교 때 올라왔어. 돈 벌려고 1990년대 초, 1991년에 처음 여기 세운상가에서 무전기 같은 거, '워키토키' 알지? 그걸 팔았어. 나 처음에 워키토키 장사할 때 사람 무지하게 많았어. 물건 주문 받아 가지고 갖다 놓고, 치우고 나서 뒤돌면 또 손님 오고. 내가 따로 홍보니 뭐니 안 해도 입소문으로 알음알음, 계속 손님이 끊이지 않았어."
(Y, 53세 남성, 전자업 28년)

"1976년에 서울 올라와서 이제, 우리 아버님이 1980년에 여기서 가게를 하셨다고. 내가 고등학교 2학년 때 알바로 나왔

었는데, 그 당시 이 동네에 전문 가게가 많아서 앞쪽으로는 싱크대, 우리 가게는 볼트 이런 걸 했었거든. 내가 미대에서 디자인을 전공하긴 했는데, 그래도 돈 벌어야 하니까 아버님 가게 물려받아서 계속하고. 옛날에는 개발이니 뭐니 그런 걸로 백화점 공사나, 저기 동대문에 공사를 많이 했잖아. 그런 큰 건물 공사를 많이 하면서 부자재가 많이 들어가니까, 우리 같은 사람들 장사가 잘됐지. 저쪽에 미싱 골목 있지? 그 미싱 기계에 들어가는 부속 자재까지 우리가 납품을 했지."

(H, 58세 남성, 금속제조업 39년)[15]

　　서울 곳곳이 본격적으로 개발되면서 현대적인 주거 시설과 환경을 갖추고 살아가고자 하는 시민들의 욕망은 곧 을지로의 노동으로 이어졌다. 제조업자들은 밤조차 낮으로 바꿀 만큼 노동 생산력을 높였고, 을지로는 늘 발 디딜 틈이 없을 정도로 손님들이 북적였다.

　　도심 근대화를 이끌며 전성기를 영원히 지속할 것 같던 을지로의 상황은 빠르게 반전되었다. 활황을 누리던 1980년대, 정부가 세운상가의 주력 업종인 전기·전자 업종을 도심 부적격 업종으로 지정한 것이 그 시작이었다. 이후 을지로 제조 산업의 많은 부분이 용산과 영등포, 구로 등 도심 바깥으로 빠져나갔다. 동시에 세운상가를 헐고 을지로 일대를 재개발하자는 주장이 꾸준히 수면 위로 올라왔다. 당시 서울시는 청계천 을지로의 건자재와 공구 상가 건물이 건립된 지 30~40년에 이를 정도로 낡은 데다 빽빽한 밀집도 탓에 도심 교통의 흐름을 방해한다고 판단해 이들을 외곽으로 이전하고 이곳을 재개발하는 방안을 적극 추진했다. 실제로 외곽 지역에 50만 평 규모의 대형 '건축자재물류센터(가칭)'를 세워 청계천 을지로 일대의 건축 자재상과 공구상들을 단계적으로 입주시키는 방안을 검토했다.[16] 그러나 을지로 특유의 복잡한 토지 분할과 이해관계로 인해 실질적으로 재개발이 이루어지지 않은 채 2000년대를 맞이했다.

2003년 청계천 복원 사업과 2006년 세운재정비촉진지구 지정은 방치되었던 을지로와 세운상가에 또 한 번 재개발 논의를 불러일으켰다. 두 사업은 도심 낙후 지역을 보기 좋게 정돈하자는 목적을 골자로, 세운상가 건립으로 끊겼던 서울 도심의 녹지축을 되살리고 환경에 악영향을 끼치는 제조업을 도심 외곽으로 이전하자는 내용을 담고 있다. 하지만 일제 강점기부터 밀레니엄까지, 한 세기 가까이 자리를 지켜 온 을지로 일대의 역사는 거대한 토목 개발 계획으로 단번에 정리할 수 없었다. 복잡다단했던 20세기 서울의 역사를 켜켜이 담아 온 을지로 일대의 지권은 역사만큼 복잡한 소필지를 기준으로 넓은 지역에 걸쳐 분포해 있었고, 토지와 건물 소유자들의 이해관계도 얽혀 있어 재개발 계획은 수차례 미뤄졌다.

　　청계천 변에서부터 을지로 일대에 퍼진 도심 제조업을 송파구 문정동으로 옮기겠다는 '가든파이브Garden Five' 계획도 소규모 사업자들이 형성한 생태계를 고려하지 못한 정책이었다.[17] 을지로에서는 원료나 무형의 아이디어가 일대에 모여 있는 영세 사업장 여러 곳을 거치며 제품의 형태로 완성된다. 그런데 가든파이브 사업으로 을지로의 산업 전체가 아니라 높은 분양가를 감당할 수 있는 일부 상공인들만이 이주하게 되면서, 제조 공정을 한 지역에서 모두 처리할 수 있는 을지로만의 장점이 의미를 잃은 것이다. 더군다나 가든파이브에서는 제조업장과 사무용 공간이 한 건물 안에 혼재해 소음 문제가 발생했다. 청계천 복원 사업 및 세운재정비촉진지구 지정과 맞물려 을지로 상공인들을 가든파이브로 이주시키면서 을지로 일대가 비었고, 재개발 호재를 노린 부동산 업자들은 틈을 파고들어 을지로 일대의 지가를 올려놓았다.[18] 임대료 역시 상승했고 높은 임대료를 감당하지 못해 제조업 사업체 수는 계속해서 감소했다.[19] 오랜 시간 을지로에서 생업에 종사해 온 사람들은 서울시의 정책 때문에 오히려 임대료가 상승하고 상권이 침체되었다고 말한다.

　　"세운상가 완전히 없애고 여기 을지로 골목도 없애 버리려고 하면서 가든파이브에 대체 입주 모집한다고 그랬는데, 못 들어갔지. 분양가 비싼데 어떻게 들어가. 그거 하면서 여기 을지로는 재개발한다고 업자들이 뛰어드니까 땅값이 무지하게 오르면서 다 망가졌다고. 세도 많이 올랐어. 내가 원래 가게 자리가 저 길가였고 세가 120만 원이었는데, 지금 여기 골목 안에서는 예전 규모의 3분의 2도 안 되는데 200만 원이야. 7, 8년 정도 재개발 얘기가 돌면서 셔터 내려진 데가 많아."

(H, 58세 남성, 금속제조업 39년)

30년이 넘는 세월 동안 도심의 흥망성쇠를 바라보며 자리를 지킨 원주민들은 2000년대 이후 을지로 일대의 재개발 정책 수립과 논의가 쇠락한 환경을 개선해 주지 못했으며 오히려 이곳을 거대 자본의 먹잇감으로 만들었다고 증언한다. 지가가 오르면서 당연히 임대료도 올랐고, 높아진 임대료는 영세 상공인들에게 타격을 주었다. 서울시에서 대안으로 내놓은 가든파이브 역시 을지로 상공인을 끌어오는 데 실패했다. 2010년 가든파이브 개장 당시 분양률은 50퍼센트에도 미치지 못했다.[20] 사업장 이전 정책과 고공 행진하는 임대료를 감당하지 못한 사람들은 스스로 사업체를 정리하기도 했다. 도심 제조 산업은 쇠퇴기에 접어들었고, 그 중심에 있던 을지로 또한 자연스럽게 저무는 해가 되었다.

다시·세운 프로젝트

"서울이 나아갈 바는 도시재생이다." 2014년, 서울시장에 한 차례 더 도전한 박원순 서울시장은 선거에서 도시재생에 대한 의욕을 내비쳤다.[21] 그간 서울이 고수해 오던 철거식 재개발에서 벗어나, 도시재생이라는 새로운 개발 방식을 지향점으로 삼은 것이다. 도시재생은 과거의 흔적을 간직한 도시 유산을 보존하면서 변화한 시민들의 삶에 맞춰 건축물이나 공간을 활용하고 부분적으로 고쳐 쓰는 도시 사업 방식이다. 2015년 11월 서울시가 발표한 '2025 서울시 도시재생전략계획'에는 서울의 노후한 지역 13곳을 선정해 서울형 도시재생사업으로 탈바꿈하겠다는 계획이 담겼다.[22] 세운상가 일대도 도시재생사업 지역으로 포함되어 다시·세운 프로젝트가 진행되고 있다. '다시, 세상의 기운을 모은다世運'는 의미로 세운상가 건물들뿐만 아니라 종로구 1~4가동부터 중구 광희동에 이르는 을지로 전역을 포함한다. 서울의 변천사를 묵묵히 지켜봐 온, 그러나 도심 속에서 서서히 낡아 가던 을지로의 가치를 재발견하고 활용하겠다는 것이 서울시의 계획이다.

서울시는 다시·세운 프로젝트를 통해 을지로를 걷기 좋은 지역으로 만들어 시민들에게 볼거리를 제공한다는 계획이다. 세운상가 가동과 대림상가 사이를 잇는 공중 보행교와 종묘 앞부터 남산까지 남북으로 길게 이어진 녹지축을 확보하여 시민들에게 도시 보행권을 되돌려주겠다는 계획 역시 포함되어 있다. 2015년부터 착수한 공사는 2017년 9월 1단계 사업을 마친 상태다. 세운초록띠공원이 있던 자리에는 다시 세운광장이 탄생했고, 3층 보행 데크가 정비되면서 세운상가 가동과 대림상가 사이에는 공중 보행교가 다시 등장했다. 수직으로 높이 뻗은 건물 꼭대기인 세운옥상에서는 세계에서 손꼽히는 기다란 단일 목조 건물인 종묘의 수평성이 발산하는 아름다움을 한눈에 내려다볼 수 있다. 서울시는 2020년까지 삼풍상가부터 남산까지의 구간을 정비하는 2단계 사업을 마쳐 보행권을 재생할 것임을 밝혔다.

　　을지로의 도시재생사업은 도심 산업과 문화, 관광의 연계를 목표로 삼는다. 오랜 침체기에서 벗어나 사람들이 많이 오가고 지역에 활기가 돌면 지역의 자생력을 기대할 수 있기 때문이다. 보수 과정을 거친 세운상가의 3층 보행 데크에는 청년 스타트업을 입주시켰다. 서울시는 다시·세운 프로젝트를 통해 을지로가 창의·제조업의 첨병이 되기를 꿈꾼다. 창의·제조업 분야에 뛰어들고자 하는 청년들은 공간 문제에 부딪혀 좌절하는 경우가 많다. 제조업의 특성상 상대적으로 넓은 제작 공간이 필요하기 때문이다. 서울시는 이들을 위해 공간 확보에 주력한다. 세운상가에서 청계·대림상가 2~3층 데크를 따라 마련한 거점 공간인 세운 메이커스 큐브, 거대한 세운상가를 움직였던 보일러실을 개조해 전시 공간으로 만든 세운 베이스먼트, 공유 오피스 등으로 사무 공간을 확보한 SE:CLOUD 등을 통해 청년들의 창작과 창업 활동을 지원한다. 또 2017년 11월 정식으로 출범한 다시세운협업지원센터는 세운상가 활성화를 위해 장인과 상인, 청년 창업자들이 협력하도록 이어 준다. 기술·제조 분야의 장인들이 오래된 물건을 고쳐 주는 수리수리협동조합도 있다. 기술력을 가진 장인과 청년들, 세대 간의 화합을 통해 을지로를 4차 산업 혁명의 혁신지로 재탄생시키겠다는 포부다.[23]

서울시에서 적극적으로 지원하는 산업 정책과 동시에 을지로의 새로운 미래를 자생적으로 이끌어 나가는 주체들이 있다. 을지로와 세운상가 일대가 도시재생사업지로 선정되기 이전부터 을지로에 입주한 청년 문화예술가들이다. 노후한 지역에 문화예술을 접목시키는 '문화적 도시재생cultural regeneration'은 오래되고 낡은 도시 지역에 활기를 불어넣고 있다. 을지로의 문화적 도시재생으로서의 가능성은 청년 문화예술가들이 먼저 알아보았다. 서울시는 이들이 임대료 걱정 없이 을지로를 위한 활동을 계속하도록 향후 5년간 임대료 상승폭을 9퍼센트대로 제한하는 건물주와 임차인 간의 상생 협약을 이끌어 냈다.[24]

그러나 협약은 주민들의 자치를 위한 규약이기 때문에

법적 구속력이 없다. 다시·세운 프로젝트와 '을지로, 라이트 웨이', 제1회 서울도시건축비엔날레 등의 행사가 잇달아 성공적으로 개최되면서, 제조업 상공인과 청년들은 모두 을지로의 임대료 문제에 촉각을 곤두세우고 있다.[25]

"도시재생사업 한다니까 당장 주인들이 가게 월세부터 올려 받겠다는 요구가 많이 있었어. 그리고 3층 데크 정리한다니까 '내가 월세를 더 얹어 줄 테니까 가게 자리를 목 좋은 데로 바꿔 달라'고 한 사람도 있었고."
(Y, 53세 남성, 전자업 38년)

"서울시가 시, 상인, 예술가, 주민들 사이에서 퍼실리테이터 (facilitator) 역할을 하면서 의견을 받아야 하는데, 2015년 같은 경우에는 부분적으로만 이루어졌어요. 임대료 동결도 세운상가 가동이랑 청계상가는 적용되는데, 대림상가는 적용이 안 돼요. 상인회가 나눠져 있으니까 협의가 안 되는 부분이 있는 거예요."
(C, 30세 여성, 전시 공간 매니저)

을지로에서 오랜 시간 삶을 일궈 온 상공인들이나 최근에 새로 이주해 온 청년들은 대부분 임차인이다. 임대료 문제에 서울시가 적절한 역할을 하지 못한다는 한 청년 예술가의 불만은 을지로 주민들의 삶을 존중하고 목소리를 반영하며 상향식 개발을 추구하는 도시재생사업이 현실적으로는 부동산 문제와 연관되어 있다는 사실을 드러낸다.

오랜 시간 침체기를 겪은 을지로에 각각의 이유로 입주한 이들은 다시·세운 프로젝트가 하향식 개발로 귀결되지 않도록 민관 거버넌스와 포럼, 문화예술가 모임과 주민 설명회 등 크고 작은 모임과 조직에 참여해 을지로에서 삶을 꾸려 나가는 주체로서 목소리를 낸다. 이들의 노력은 보행, 산업과 더불어 지역 공동체를 되살리겠다는 서울시의 재생 목표에도 걸맞아 시너지 효과를 기대할 수 있다.

쇠락해 가는 을지로의 가치를 다시 돌아본 것은 청년 문화예술가들이었다. 사실 이들이 을지로를 찾기 시작한 것은 어제오늘 일이 아니다. 아직까지도 을지로에서는 '학생 작품', '졸업 작품 제작' 같은 문구를 단 제작 업체들을 심심찮게 발견할 수 있다. 주로 조형과 관련된 예술대 학생들이 찾는 업체들이다. 예술 작품을 만들 때 필요한 각종 재료를 구하거나 제작을 의뢰할 가게들이 있는 을지로는 학생들의 아이디어를 실물로 구현하는 첫 단추를 꿰어 주는 곳이기도 하다.

그런데 최근 을지로에 등장한 청년 문화예술가들은 개인 작업을 위해 불규칙적으로 방문하는 미대생들과는 조금 다르다. 청년들은 시끄러운 인쇄기가 돌아가는 가게 옆이나, 뜨거운 열로 금속을 녹이는 주물집 맞은편에 빈 가게를 얻어 문화예술 공간으로 만든다. 이들의 작업실에서는 다양한 문화예술 활동이 이루어진다. 서너 작품만으로 공간을 채우는 작은 전시가 열리는가 하면 삼발이 엔진 소리와 더불어 오묘한 화음을 만들어 내는 공연을 한다. 대형 서점에서는 구할 수 없는 독립 출판물을 모아 놓은 곳도 있다.

그렇다고 해서 이 공간들이 지나가는 사람들의 이목을 한눈에 사로잡을 만큼 휘황찬란한 겉치장을 한 것은 아니다. 오히려 찾아가기 힘든 외딴 골목이나 간판도 없는 낡은 건물의 상층에 자리 잡아 자신의 존재를 감추려는 것처럼 보인다.

'동태찌개'라고 적힌 출입문 시트지를 떼지 않은 채 그대로 둔 작업실은 마치 지나온 역사를 훤히 보여 주려는 듯하다. 을지로에서 조금은 수상한, 그러나 과감한 시도를 하는 청년들은 어떠한 이유로 을지로에 온 것일까.

도심 속 보물 창고

2014년 즈음부터 을지로에 속속 생겨난 문화예술 공간에 입주한 예술가들은 2018년 1월 현재 100여 명에 이른다.[26] 이들은 각자가 추구하는 문화예술의 무대로 수십 년 동안 서울의 문화예술을 선도한 홍대나, 이른바 '핫 플레이스'로 새롭게 떠오르는 이태원 인근, 혹은 말끔하게 정돈된 신사동 가로수길이 아니라 투박한 기계가 먼저 떠오르는 을지로를 선택했다.

사실 이들이 을지로에 입주한 이유는 최근 서울의 화두인 젠트리피케이션gentrification[27] 현상과 무관하지 않다. 젠트리피케이션 현상이 본격적으로 나타난 서울의 홍대 앞, 경리단길, 성수동과 같은 동네는 과거 조용한 주택가거나 소규모 공장 지역이었다. 관광객을 위한 상업 시설보다는 주민들을 위한 거주지로 만들어져 상대적으로 임대료가 저렴했고, 자연스럽게 자본이 부족한 청년 문화예술가들이 선호하는 지역이 되었다. 이들 동네의 정돈되지 않은 분위기는 자본력으로 정비되고 구획되어 깔끔한 신도시에서는 찾아보기 힘든 예술적 영감의 원천이기도 했다. 문화예술가들은 소박한 모습을 가진 지역에 주관과 가치, 신념을 실험적으로 선보일 전시·공연 공간이나 작업 공간을 얻었고 그 주위에는 카페, 바 등 예술가들의 사랑방 역할을 하는 가게들이 들어섰다.

거대 자본이 유입되면서 비슷하게 변해 가는 도시 경관에 싫증 난 젊은이들 사이에서 문화예술가들이 가꾼 지역은 새로운 놀이 문화로 입소문을 탔다. 유명세를 치르면서 사람들이 많이 찾아오자 자연스레 임대료가 올랐고, 치솟은 임대료를 감당하지 못하는 소규모 사업장은 입지를 다져 놓은 공간을 포기했다. 점포와 청년들이 빠져나간 자리에는 높은 임대료를 감당할 수 있는 거대 자본이 장소성placeness[28]을 잠식하며 프랜차이즈 매장을 세웠다. 우리가 도시에서 매일같이 마주하는 젠트리피케이션은 각 지역이 발전시킨 역사와 로컬리티locality[29]를 위협하며 도시를 밋밋하고 평평하게 만들었다. 각각의 지역은 비슷한 하나의 모습으로 수렴했다.

거대 자본이 만든 시련을 겪은 청년 문화예술가들과 창작자들에게 을지로는 대안 공간으로 떠올랐다. 을지로에 새 둥지를 튼 청년 예술가들은 을지로의 장점을 이렇게 말한다.

"현실적으로 다른 지역에 비해서 임대료가 싸고, 교통도 편리하고, 재료를 구하기도 쉽죠. 전시를 하는데 옛날 텔레비전

선이 잘못됐다. 그러면 바로 내려가서 상가에서 사 오면 되거든요. 자잘한 공구들까지 작업 재료들이 여기에 다 있어요."

(C, 30세 여성, 전시 공간 매니저)

"일단은 을지로가 중간에 있어서 교통이 편리하기도 하고, 재료상이나 가공 맡기는 업체들이 많이 모여 있다 보니까 자연스럽게 오게 됐어요. 학교 다닐 때부터 재료나 공구를 사러 많이 왔거든요. 또 원래 주문 제작을 맡기던 업체들도 여기 있어서."

(L, 31세 남성, 금속공예 예술가)

젠트리피케이션 현상이 한 차례 지나가 이미 상업화된 다른 지역들에 비해 을지로는 청년들이 저렴하다고 느끼는 수준의 임대료를 유지하고 있다. 상대적으로 자본이 부족하고 실질적으로 생계를 꾸려 나가기 버거운 문화예술계 청년들에게는 을지로 입주가 경제적인 측면에서 꽤 합리적인 선택이다. 또 서울 한가운데 위치한 덕에 접근성이 뛰어나다는 점은 청년들을 매료시키기에 충분하다.

게다가 현대 문화예술이 '예술'과 '예술 아닌 것' 사이의 경계를 모호하게 흐리면서 문화예술가들은 작품이나 그것을 만들어 내는 과정에 기계나 공구, 전기·전자 장비를 다방면으로 활용하고 있다. 이들에게는 주문부터 제작까지 모두 가능한 제조 산업 클러스터가 형성된 지역에 입주하는 것 자체가 커다란 메리트다. 제조업 지역에서 문화예술 활동을 벌이는, 엉뚱해 보일 수 있는 행위들이 사실 청년들에게는 가장 합리적인 선택의 결과물인 것이다.

이뿐만이 아니다. 독특함과 차별성을 기본 속성으로 하는 문화예술의 특성상 을지로 지역은 이들에게 예술적 영감의 원천이 된다. 시간의 흔적을 그대로 드러낸, 허름하고 어수선한 을지로의 풍경조차도 문화예술가들에게는 영감을 불어넣는 뮤즈muse다.

"옛날 얘기나 아날로그, 레트로 이런 것들을 되게 좋아해요. 또 전에 다니던 회사도 여기 근처예요. 그 회사에 있으면서 여기가 익숙해지고 좋아졌어요. 을지로 일대의 공간들이 선사하는 낡고 오래된, 아날로그적인 분위기도 좋아했고."
(R, 28세 여성, 전시 공간 운영 및 시각예술가)

"작가들이 보기에 여기 풍경이 매력적이기도 하고, 영감을 많이 준다고 해요. 작가들이나 전시를 기획하는 저희는 여기 상가 데크에서 내려다보는 야경이나 풍경에 대한 애정이 기본적으로 있어요. 이 지역을 소재로 작업하는 작가들을 자연스럽게 많이 만나니까 재밌기도 하고. 또 그런 작업들이 을지로

의 느낌처럼 낡고 날 것이어서 작업이 공개되었을 때 더 재밌
는 요소들이 우연히 생기기도 해요."

(C, 30세 여성, 전시 공간 매니저)

이 일대에서는 두 가지 풍경을 마주할 수 있다. 을지로
의 좁고 구불구불한 골목에서 올려다보면 거대한 규모로 솟
아오른 세운상가 건물들이 마치 한때 잘나가던 시절의 영광
을 여전히 잃지 않으려는 듯한 모습을 보인다. 동시에 조금만
높은 곳에 올라가 을지로를 내려다보면 일대의 불규칙하고
낡은 풍경이 한눈에 들어온다. 끊임없이 더 새롭고 더 발전된
것만을 추구하며 변화해 온 서울 한가운데에서, 을지로는 도
심 속 고층 빌딩숲과 확연한 차이를 보이며 여전히 오래된 것
그대로의 모습을 간직한 채 섬처럼 잔존하고 있다. 낡은 풍경
들에서 영감을 얻은 예술가들은 각자의 문화예술 전시나 공
연 공간에 을지로라는 장소성을 조금씩 포함한다.

청년 문화예술가들은 을지로의 빈 지역에 입주하기 위
해 공공 기관의 도움을 받기도 한다. 현재 중구청은 공모 선정
과정을 거쳐 을지로 일대 빈 공간에 청년들이 자리 잡을 수 있
도록 보증금과 월세 일부를 지원한다.[30] 청년 예술가들의 문
화예술 활동이 지역의 활기를 되살리면서 새로운 장소성의
의미를 창출한다는 차원에서 이 전략은 구청과 문화예술가들

에게 모두 윈-윈이다.[31]

> "이 공간을 '법인형 임의단체'로 등록해 놨어요. 지금 청년들
> 이 취업 문제를 겪고 있잖아요. 사실 작가인 친구들은 취업하
> 기가 힘들어요. 그런데 저희가 법인형 임의단체가 되면 여기
> 서 하는 모든 전시는 경력으로 인정돼요. 학생이나 젊은 예술
> 가들이 전시를 통해 경력을 보장받는 거죠. 나가서 커리어로
> 쓸 수 있게 되는 거예요."
>
> (K, 30세 남성, 전시 공간 매니저 겸 시각예술가)

상대적으로 자본과 기회가 부족한 청년 문화예술가들
과 신진 작가들은 지원을 받아 부담 없이 각자가 원하는 형태
의 문화예술을 시도해 볼 수 있다. 월세 부담이 없기 때문에
창작자는 전시의 최우선 목적을 수익으로 삼지 않아도 된다.
이제 을지로에 입주한 청년 문화예술가들은 이곳, 이 장소에
서만 가능한 문화예술을 시도한다.

을지로 특정적 예술

미술사학자 로잘린 도이치Rosalyn Deutsche는 예술과 공간을 지배
하는 권력의 관계를 설명하면서 '장소 특정성site-specificity'이라
는 개념을 제시했다. 미술, 건축, 도시 디자인과 도시, 사회적

공간 혹은 공공 공간에 대한 이론이 결합된 도시 미학적, 공간 문화적 개념이다.[32] 이를 이어받은 미술사학자 권미원은 장소 특정적 미술을 장소에 의해 규정되고, 장소를 지향하고, 장소를 참조하고, 장소를 의식하며, 장소에 반응하고, 장소와 관계된 미술이라고 규정했다.[33] 현대 미술에서는 장소와 관련된 요소를 포함하는 문화예술 실천이라면 모두 장소 특정적 미술의 지위를 획득한다. 이 개념은 미술을 넘어, 보다 넓은 범위인 예술로 확장할 수 있다. 을지로에서 벌어지는 문화예술 역시 장소적인 특성을 내포하며 '을지로 특정적 예술'을 선보인다. 이를 크게 세 가지로 나누어 보자.[34]

첫 번째, 을지로 일대의 건축·지리적 특성을 활용한 문화예술이다. 을지로 일대의 물리적 환경은 좁은 골목과 복도로 대표되는, 불규칙하고 복잡한 모습을 보인다. 특히 두 개의 다른 건축물이 하나의 벽을 공유하는 이른바 '맞벽건축' 형태는 을지로 일대의 독특한 건축 특성을 만들어 낸다.[35] 불규칙한 형태의 골목에 쌓여 있는 짐들은 을지로의 복잡성을 더해 주고 물리적인 거리를 예측할 수 없게 하며 마치 미로처럼 느끼게 한다. 하지만 그 복잡하고 오래된 골목이 본연의 역할을 끝낸 저녁이 되면 노란 가로등 불빛을 내뿜는 분위기 있는 공간이 된다. 을지로 문화예술팀 R3028[36]은 이런 풍경을 활용해 '을지로 철 골목'이라고 불리는 중구 산림동을 배경으로 프로젝트를 선보인다. R3028의 프로젝트 '철의 골목: 도시 음악'은 용달차가 빠져나가고 방범등이 켜진 저녁, 산림동 골목 어귀에서 청년 예술가들이 을지로를 주제로 여는 야외 음악회다. 이들의 목표는 오랜 시간 동안 경제 발전을 위해 고단한 노동을 수행했던 철 골목의 사장님들께 찬사를 보내고 청년들이 이 골목을 무서워하지 않게끔 하는 것이다. 이를 위해 골목 곳곳에 내려진 무거운 셔터에 그림을 그리고 색을 입힌다. 을지로의 서로 다른 골목 끝이 예상치 못한 지점에서 만나는 것처럼, 음악회를 계기로 우연히 만난 서로 다른 세대는 이 골목에서 하나가 되어 어우러진다.

새로운 문화예술 활동이 작은 골목에서만 일어나는 것은 아니다. 건립 당시 건축 모더니즘의 정수로 불리던 세운상가의 직선과 거대한 규모 자체가 문화예술 실천의 공간이 되기도 한다. 일렬로 놓인 세운상가군# 중 대림상가에 자리 잡은 문화예술팀 800/40[37]은 2016년 영화제 '800/40 × CENTRAL PARK FILMS'에서 대림상가의 3층 보행 데크를 문화예술 행사가 벌어지는 무대로 꾸몄다. 세운상가, 그중에서도 3층 데크는 낮은 건물과 좁은 골목이 빽빽하게 들어선 을지로에서 찾아보기 힘든 평면의 넓은 공간이다. 널찍한 데크는 커다란 스크린과 관객석을 넉넉히 설치하기에 적합한 규모였고, 마침 데크에 접한 3층 상가 자리 한 곳을 사용하던 이들은 이곳에서 영화제를 개최했다. 세운상가의 상징과도 같은 데크가 넓은 장소를 필요로 하는 예술 행사에 가장 적절한 공간이 된 셈이다. 그런가 하면 문화예술 그룹 을지로 하와이[38]는 2016년 전시 '을지로 휘트니스 센타'에서 청계상가 내부와 중정을 설치 예술의 장으로 변화시킨다. 피트니스 기구를 활용해 설치 미술 작업을 하던 9개의 문화예술팀이 모여 함께한 전시에서는 승마 기구 형태의 작품을 5층에서 7층 사이의 공중에 매달았는데, 이들이 활동하던 청계상가가 여러 층에 걸쳐 가운데가 뻥 뚫린 중정이기에 가능한 일이었다. 청계상가의 독특한 구조는 설치 미술 작가들이 작품의 크기와 높이에 제한을 두지 않고 각자의 상상력을 발휘할 수 있는 무대가 된다.

문화예술은 을지로의 곡선에도 변화무쌍한 색채를 담아낸다. 도심 속에서 찾기 힘든 좁고 굽은 골목과 그 골목을 빼곡하게 채운 제조업 사업장, 그리고 소규모 제조업장들 사이에서 커다랗게 우뚝 선 수직의 세운상가가 공존하는 을지로의 장소적 특징들은 어떠한 문화예술이라도 작가의 예술적 상상력을 최대치로 확장할 수 있다는 가능성을 보여 준다.

제조업 특성을 활용한 을지로 특정적 예술도 있다. 산업 발전의 밑거름이 되었던 전기·전자와 금속, 기계, 유리, 조명 등 제조 산업 전반이 공존하는 을지로에 자리 잡은 문화예술가들은 기능적인 목적을 가졌던 도구들을 문화예술의 소재로 변형하며 그 의미를 확장시킨다. 의미의 변주는 성수동, 문래동 등 서울 곳곳에 존재하는 소규모 공장 지역보다 을지로에서 더 다채롭게 이루어진다. 이곳에서는 타 지역에 비해 훨씬 다양한 제조업종을 만날 수 있기 때문이다.

> "저희가 금속 작업이나 나무, 아크릴 등으로 만든 제품을 생산하는데, 그러다 보니 을지로에서 재료를 구하기가 쉬워요. 반대로 제가 가진 가공 기술을 이용해 여기서 볼 수 있는 재료들을 활용해 제품을 만들기도 하고요. (…) 저희가 원하는 재료가 없으면 주문하기도 해요."
>
> (L, 31세 남성, 금속공예 예술가)

을지로에서 활동하는 문화예술가들은 을지로를 만물상처럼 여긴다. 세운상가 가동 가열 324호의 쇼룸 빠빠빠탐구소는 을지로에서 구한 크랭크crank[39]에 총천연색을 입혀 구동하면서 인간의 원초적 유희를 표현하는 작품을 선보였다. 그런가 하면 작가 정두연은 산림동 철 골목에서 재단 후 버려진 철 조각을 뜻하는 '키리코'를 주워 고스란히 자신의 작품으로 재탄생시킨다. 캔버스와 물감, 붓, 악기 등 한정된 재료만을 사용했던 고전 및 근대 예술과 달리 현대 예술에서는 작품에 사용하는 재료의 범위를 제한하지 않는다. 작품이 되는,

혹은 작품에 사용되는 사물 자체보다도 그 안에 작가가 담아내는 철학과 사상이 훨씬 중요해졌기 때문이다. '없는 게 없다'라는 수식어로 흔히 표현되는 을지로는 문화예술가들에게 정신적인 영감을 제공할 뿐만 아니라 사용할 수 있는 재료들이 지척에 널린 노다지가 되었다.

문화예술가들은 문화예술 실천의 장에 을지로의 장인들을 끌어들이기도 한다. 빠빠빠탐구소의 작가 빠키가 "세운상가에 작업실을 얻고 여기 아저씨들과 친해진 것이 가장 큰 보람"[40]이라고 말한 것처럼, 을지로와 세운상가 일대에는 역사만큼이나 오랜 시간 동안 공구와 기계를 제작하고 수리해 온 장인들이 있다. 이들은 작가들과 대화하며, 혹은 예술 작업에 필요한 재료를 만들어 주며 프로젝트의 일원이 된다. 을지로의 제조업 장인들은 청년 예술가들과 함께 을지로 특정적 예술을 만들어 나가는 숨은 공신들이다. 이는 자연스럽게 을지로 특정적 예술 안에서 제조업 상공인과 문화예술가라는 두 주체가 공존하는 모습으로 이어진다.

"난 처음에 그것도 투기성 입주인 줄 알았어. 사실 그렇잖아. 가게를 덩그러니 하나 얻어 놓고 월세를 주면서도 그 청년들이 일주일에 한 번씩밖에 안 오니까. 그런데 보니까 청년들이 가끔 와서 재밌는 것도 하고, 우리한테 그 재밌는 것들을 보러

오라고 그러고. 우리처럼 기술 가진 사람들한테 좋은 아이디어를 진취적으로 찾으면 좋지."

(Y, 53세 남성, 전자업 28년)

"우리 기술을 필요로 하는 젊은 애들하고 소통도 더 많이 하고, 여기에서 우리 같은 좋은 기술자들하고 젊은 애들의 머리를 합치면 시너지가 나겠지. 기술로 아트 상품을 만들 수도 있고. 저기 '을지 라이트'라고, 실제로 조명 가게들이랑 예술가들이 같이 조명 브랜드 만들었잖아."

(H, 58세 남성, 금속제조업 39년)

"여기 상권이 완전히 죽어 버렸는데, 이제 젊은 친구들이 와서 재밌는 것들도 하니까 구경하는 사람들도 왔다 갔다 하면서 이 골목에 생기가 돌고 활기가 돌고. 그러니까 우리한텐 더 좋지."

(T, 51세 남성, 유리제조업 35년)

상공인들은 문화예술가들의 입주에 처음에는 미심쩍은 눈길을 보냈다. 지금까지와는 다른 영역이 을지로에 들어오면 제조업 동네라는 오래된 지역성이 변질될 수도 있었다. 문화예술가들의 유입이 일반 제조 사업장의 임대료 상승으로 이어지지 않을까 걱정하는 상공인도 있었다. 그러나 지금은 문화예술 활동 덕분에 침체되어 있던 지역에 젊은 생기가 돌고 있다고 생각하며, 제조 산업이 예술이라는 새로운 영역으로 재탄생할 수 있다는 사실에 반색한다. 문화예술가들 또한 을지로가 가진 상공업 지역의 특성을 문화예술 영역에 접목하려는 소기의 목적을 가지고 입주하기에 고유한 지역성을 해칠 이유가 없다.

"지금은 상인분들이랑 친하게 지내도, 처음에는 되게 조심스럽게 시작했어요. 저희가 들어와서 동네를 망치고 싶지 않았고, 저희의 활동이 여기 계신 분들을 돕는 역할이었으면 했고요. 이분들에게 좋은 의미로 미술이나 예술이 다가섰으면 좋겠고. 개인적으로는 이 거리를 '장인의 거리'라고 해서 장인분들이 자부심을 느낄 수 있도록 하면 좋겠어요. 협업을 통해 사장님들 오픈 스튜디오도 만들고 싶어요. 예술가들도 여기에서 제조업 장인분들이랑 같이 살아가면서 이곳만의 색깔을 만들 수 있도록 함께 발전하면 좋겠어요."

(K, 30세 남성, 전시 공간 매니저 겸 시각예술가)

"아시다시피 여기는 미술 작가들이 있기에 자연스러운 공간이 아니에요. 상인들이나 주민들한테 저희는 좀 귀찮은 존재일 수도 있고, '쟤네 뭐지?' 싶은 애들이니까. 그래서 그분들께 친절하게 대하거나 피해를 끼치지 않도록 노력하고 있어요. 지역 상인들에게 피해를 입힐 수 있는 아이디어로 전시를 하려는 분들은 저희가 안 받아요. 시끄럽게 하는 것도, 포스터 붙이는 것도 관리 아저씨한테 다 허락받고 붙일 정도거든요."
(C, 30세 여성, 전시 공간 매니저)

문화예술가들은 여전히 을지로를 문화예술을 위한 지역이 아닌 제조업 지역으로 여긴다. 자연스레 이곳에 있는 주민들과 상공인들에게 최대한 피해를 끼치지 않도록 조심스러운 자세를 보인다. 그러면서도 자신들의 문화예술 활동이 제조업과 상호 보완적인 관계를 가지는 공존과 공생의 길을 걷겠다는 의지를 적극적으로 내비친다.

문화예술가는 을지로에서 마주하는 노동의 가치를 문화예술로 발전시킨다. 기술 제조업 종사자들과 함께하는 워크숍 '선생님 좋아요'[41]나, 일대의 사장님들을 모셔 와 즉석에서 그들의 고민을 바탕으로 꾸미는 마당극 공연 등에는 을지로에서 밤낮없이 근면성실하게 일해 온 이들의 땀과 노동의 가치를 높게 평가하는 존경의 시선이 담겨 있다.

지역성을 해치지 않고자 하는 조심스러운 마음으로 입주해 을지로가 가진 역사와 장소성을 적극적으로 활용하며 자신들만의 가치를 실현해 나가는 문화예술인들. 자신이 가진 기술을 이용해 문화예술인들과 적극적으로 협력하고 상생 관계를 만들어 가며 오랜 시간의 침체기를 벗어나려는 제조 업자들. 장소 특정적 예술은 을지로를 상생의 공간으로 만들 며 지역이 재도약할 기회를 마련한다. 을지로 사람들은 기술 과 문화예술의 시너지 효과를 기대한다. 침체기에 접어들었 던 도심 속 제조업 동네, 을지로를 청년들이 새롭게 들여온 문 화예술의 장으로 만든다는 맥락에서 입주민들은 서로의 존재 로 인한 가능성을 점치며 긍정적인 반응을 보인다.

을지로와 현대 예술의 조우

을지로 특정적 예술은 도심 제조 산업 지역에서 받은 영감을, 을지로에서 구할 수 있는 재료를 활용해 을지로라는 특정한 지역에서 펼쳐 보일 때에야 비로소 의미가 채워진다.[42] 을지 로는 서울이라는 도시 사회에서 쉽게 마주할 수 없는, 압도적 으로 독특한 환경을 지닌 지역이다. 장소 특정적 예술을 미 술 전시로, 음악 공연으로, 신체 퍼포먼스로 승화시키는 '예 술 실천'이라는 구체적인 차원에서 전략적으로 차별화를 꾀 해야 하는 문화예술가들 입장에서는 더없이 좋은 입주 조건 을 갖춘 셈이다.

　동시에 이 예술 실천은 예술이 가진 기존 규칙에 어긋 나는 일종의 일탈이기도 하다. 주어진 재료와 합당한 공간에서 결과물이 만들어지고 보이는 것이 일반적인 형태의 문화예술이 생산되는 과정이었다.[43] 그러나 을지로의 문화예술가들은 작품 재료로 인정되지 않던 것들이나, 전시나 공연을 할 만하다고 여겨지지 않던 공간에서 새로운 시도를 한다. 내용과 방법에서 변주를 조금씩 가하기 시작하는 일종의 저항적인 일탈은, 개인의 예술 지평을 확장할 뿐만 아니라 문화예술계에서 이어져 온 관습을 타파하고 장르의 외연을 넓히는 데에 도움이 된다. 을지로 문화예술가들은 연관성이 전혀 없어보이는 두 사회적 영역을 서울 도심에서 결합하고 그 안에 장소성을 담아내면서 도시 자체가 하나의 문화로서 비추어질 때 다양하고 유연하게 드러날 수 있는 가능성을 보여 준다.

을지로에서 기술과 예술이 결합한 결과물이 탄생하고, 그것이 장소 특정적 예술의 의미를 가진 데에는 현대 예술의 패러다임 전환이 크게 작용했다. 프랑스의 예술사회학자 나탈리 에니히Nathalie Heinich에 따르면, 물리적인 실체를 가진 오브제가 중심이 되던 근대 예술에 비해 현대 예술은 가변성을 가진 오브제와 퍼포먼스를 중심으로 사회적·미적 차원에서 이야기와 맥락을 가진다.[44] 한 편의 작품을 완성하는 데에 집중하던 근대까지의 예술은 대상을 얼마나 더 사실적으로 혹은 아름답게 재현하는지를 지표로 삼는 순수 작품을 중요시했다. 그러나 현대 예술에서는 사실적으로 재현하거나 미적으로 높은 수준을 달성하는 것보다는, 예술을 만들어 가는 과정과 결과물이 오브제 안에서 사회적인 의미와 미적인 의미를 통합해 담아내는 것을 중시한다. 외연으로 보이는 것만이 아니라 내면에 담긴 이야기와 맥락 모두가 작품artwork이라는 범주에 포함된다.

현대 예술에서는 작품의 내용이나 형태가 불분명하다. 오히려 회화, 음악, 무용 등 장르 간 경계가 불분명해지며 뒤섞이는 혼종hybridation과 작품 한 편이 창작되는 과정 자체가 작품인 개념 예술conceptual art, 물리적인 실체를 제작하기보다 예술가가 직접 신체를 통해 수행하는 퍼포먼스performance, 작품을 관람하는 수용자가 공간과 더불어 문화예술을 감상하도록 하는 설치 예술installation 등 모호한 형태의 작품들이 두각을 나타낸다. 작품은 감상자와 비평가가 해석할 여지를 더 많이 남겨 둔다. 자연스레 하나의 예술에서 수많은 해석이 나온다. 현대 예술은 예술과 예술이 아닌 것, 문화예술 공간과 그렇지 않은 곳으로 구분하던 기존의 엄격함에서 탈피해 예술의 범위를 가변적으로 만든다.[45] 을지로의 예술가들이 회화, 조각 전시와 음악 공연이 뒤섞인 형태의 작품을 창작하거나 기계공학적 설계와 미술 작품 사이를 넘나드는 새로운 장르를 개척해 나가는 모습과도 같다.

에니히는 현대 예술이 등장하면서 오브제에 찍혀 있던

문화예술의 방점이 행위로 이동했고, 이를 "예술artistic proposition이 구성된다constitute"[46]고 서술한다. 현대 예술은 존재론적 차원에서 불확실성과 무한한 확장성을 가지며 오브제에 부여된 사회적·미적 의미를 통합해 창작자뿐만 아니라 수용자 인식의 지평을 넓힌다. 오브제 자체와 더불어 그 안에 담긴 예술가 개인의 철학, 사상과 의미들은 사회라는 커다란 맥락 안에서 상호 작용한다.

을지로에서 활동하는 문화예술가들은 작품의 맥락을 을지로라는 지역으로 통합한다. 이들의 작품에는 서울의 다른 지역에서는 볼 수 없는 을지로만의 특성이 담겨 있다. 때로는 건축적인 요소나 특성이 담겨 있기도 하고, 때로는 기계와 공구, 그리고 그것을 다룰 수 있는 제조업 장인들이 포함되기도 한다. 회화, 음악, 무용 등의 경계는 제한하지 않는다. 현대 예술 이론이 설명하듯, 작품을 만드는 과정 자체가 또 다른 작품이 되기도 한다.

또한, 청년들의 독창적인 실험과 장인들의 호응은 을지로를 하나의 거대한 문화예술 공간으로 만든다. 사회학자 김동일은 문화예술 작품이 만들어지고 보이는 공간은 사회에서 의미를 만들어 내고 가공하는 사회적 행위자social actor의 지위를 가진다고 이야기한다. 문화예술 공간은 개인의 실천을 사회적인 의미로 전환하는 전시나 공연 등을 기획하는 장소이자 주체이고, 문화예술계의 물적-인적 네트워크를 구성하며, 담화를 생산해 내는 사회적 실천을 수행하기 때문이다.[47]

과거에는 문화예술 공간이 미술관으로 대표되었지만, 현대 예술의 개념에 적용해 본다면 문화예술을 보여 주는 장소인 을지로 또한 사회적 행위자가 된다. 을지로에서 예술적 일탈을 시도하는 청년 문화예술가들의 실천은 도시와 기억의 가치를 사회 이슈로 부각하고, 낡고 허름한 도심에서 예술 네트워크를 형성한다. 을지로라는 행위자와 그곳 사람들의 상호 작용은 도시와 문화예술이 서로 긴밀하게 연결되어 있음을 보여 준다.

을지로에서 시도되는 장소 특정적 예술에 문화예술가들이 담아내고자 하는 것은 무엇이었을까? 아마도 서울이 변해 온 시간을 고스란히 간직한 공간이 가진 풍경의 아름다움에 보내는 존경과 찬사, 부수고 새로 짓는 개발이 아닌 보존의 중요성, 세대 간의 화합과 공존을 화두로 던지고 싶었을 것이다. "이곳을 젊은이들이 무서워하지 않게 하고 싶었다"는 한 예술가의 말처럼, 이들은 젊은 시민들을 주요 관객층으로 삼는다. 이제 을지로를 찾는 사람들은 제조업의 역사부터 문화예술까지 확장된 영역 안에서 다채롭게 도시를 경험할 수 있다. 이들이 기억하는 지역의 모습에는 정체성과 지역성 역시 포함될 것이다.

한 지역에서 함께 살아가는 서로 다른 두 세대는 공존하며 을지로에 하루하루 더 숨을 불어넣고 있다. 이토록 쉽고 기발하며 재미있는 방법으로 말이다.

을지로에 자리한 서울털보, 물결, 십분의 일, MKLW, 호텔 수선화를 찾아가
이야기를 나누었다.

한 지역의 진면목을 알기 위해 음식과 술 문화를 들여다보는 것만큼 친밀한 접근 방법이 있을까? 지역을 막론하고 사람들의 피곤한 삶을 품어 안는 역할은 상당 부분 음식과 술의 몫이었다. 을지로도 마찬가지다. 산업 발전으로 점차 근대적인 모습을 갖춰 가던 서울 도심에서, 을지로인들이 하루의 고된 노동을 해소하던 곳은 을지로3가 일대에 밀집한 '골뱅이 골목'과 '노가리 골목'이었다. 파채와 북어포가 함께 나오는 을지로만의 골뱅이 무침과 연탄불에 잘 구운 천 원짜리 노가리 구이, 그리고 시원한 맥주 한 잔은 여전히 을지로의 대표 음식이다.

을지로3가에서 충무로까지 걸쳐 있는 골뱅이 골목과 노가리 골목은 1960년대 인쇄소 노동자들의 훌륭한 단골집이었다. 주로 구멍가게에서 통조림 골뱅이에 술 한 잔 기울이던 이들을 위해 가게들은 과하지 않게 양념한 파채 무침과 북어포를 함께 내놓았다. 이는 곧 을지로만의 독특한 안주로 자리 잡으며 노동자들의 가벼운 음주에 더없이 좋은 안주로 떠올랐다.[48] 그런가 하면 노가리 골목은 의도치 않은 법 개정이 만든 문화다. 1980년 노가리 골목의 시작을 알리는 '을지OB 베어'가 문을 열었다. 개업 초기만 해도 OB맥주에서 김, 땅콩 등 마른안주를 공급받아 제공했지만, 개점 후 얼마 지나지 않아 법이 바뀌면서 주류 업체의 안주 제공이 금지되었다. 을지 OB베어의 초대 사장님은 직접 제공하는 안주를 고민해야 했고, 고민 끝에 노가리를 주력 안주로 결정했다.[49] 매일 아침 떼어 와 직접 두드린 노가리와 '비법'이 담긴 소스를 함께 제공하면서 '노가리와 맥주 한 잔'은 근처 인쇄 공장 노동자들의 입소문을 탔다.[50] 이후 이 일대에 우후죽순 들어선 각종 호프들도 노가리를 대표 안주로 삼으며 노가리 골목이 만들어졌다. 이곳에서 맥주 한 잔과 골뱅이, 노가리와 함께 청춘을 불태운 인쇄업 노동자들이 분명히 많으리라.

을지로 청춘의 상징이 골뱅이와 노가리에만 있는 것은 아니다. 최근 을지로가 '힙한 곳'으로 주목받는 배경의 중심에는 커피와 수제 맥주, 와인, 그리고 문화예술이 있다. 을지로가 더 빨리, 더 많이 생산하는 것을 목표로 하던 제조업의 상징이었던 만큼, 여유로움을 떠올리게 하는 커피나 와인은 을지로와 어울려 보이지 않는다. 하지만 신기하게도 청년 사장들이 만드는 새로운 공간들은 원래의 을지로와도 자연스럽게 조화를 이룬다. 청년 사장들은 인쇄 기획 사무실이나 조명 상가의 창고로 사용되던 낡고 허물어진 공간에 멋스러움을 입히며 새로운 생명력을 불어넣는다. 이들을 서울 어느 지역에서나 흔히 발견할 수 있는 카페나 펍pub이라고 생각해서는 안 된다. 단순한 갤러리나 공연장도 아니다. 오히려 을지로라는 특수한 지역성을 바탕으로 변화무쌍하게 운영되는, 그야말로 '을지로다운' 공간들이다. 평소에는 카페와 바의 모습을 하고 있지만, 때때로 파티와 공연, 전시가 열리는 복합적인 공간을 지칭하는 공식 명칭이 아직 존재하지 않으니 '복합 문화 공간'이라는 이름으로 부르려 한다.

몇몇은 이를 두고 '힙하다'고 얘기하면서 을지로를 '힙스터'들이 사랑하는 곳으로 꼽는다.[51] 대체 힙한 것, 힙스터가 무엇이기에 사람들은 을지로와 힙함을 등치하는 것일까? 을지로는 정말로 힙한 곳이며 을지로의 청년들은 모두 힙스터일까?

힙 & 힙스터

'힙hip'과 '힙스터hipster'라는 표현은 1940년대 미국 재즈 신을 중심으로 하는 하위문화에서 출발한다. 당시 백인들은 아방가르드하면서도 엘리트주의적인 주류 문화를 향유했다. 그런데 재즈가 등장하면서 흑인을 중심으로 하는 반反문화가 수면 위로 떠올랐다. 재즈 앨범 재킷에 종종 흑인들이 통용하던 은어가 등장하면서 소수만이 향유하던 단어를 주류 백인 문화와는 구별되는 독특한 멋으로 인식했던 것이다. '특정한 주제에 대해 잘 알고 있음informed'을 의미하는 힙 역시 당시 등장한 은어 중 하나다. 근대 도시에 살던 일부 백인들은 새로운 문화에 매료되었고, 사람들은 이들을 힙스터(소수만이 향유하는 독특하고 특정한 문화를 잘 알고 있는 사람)[52]라고 부르기 시작했다. 즉, 당시 힙스터는 중산층의 백인이면서도 주류 문화와 분명하게 구별되는 독특한 문화와 삶의 양식을 추구하는 사람들이었다.

힙스터는 21세기 신자유주의 시대를 배경으로 다시 등장한다. 현대 사회는 다문화를 넘어 초다양성의 가치를 전면에 내세운다. 하지만 그 이면에서는 세계적으로 보편화된 신자유주의가 문화를 획일화된 모습으로 만들고 있었다. 개인에게는 다시금 타인과 구별 지을 수 있는 문화적 정체성을 획득하는 것이 중요해졌고, 힙스터 또한 바뀐 사회상에 따라 재규정되었다. 은어나 속어, 신조어 등을 다루는 사전 웹사이트인 〈어반 딕셔너리Urban Dictionary〉에서는 현대의 힙스터를 '독립적인 사고, 반문화, 진보 정치, 예술과 인디 록, 창의성, 재치 있는 농담에 가치를 두는 20~30대 젊은이로 특히 뉴욕이나 시카고, 샌프란시스코 등의 대도시에 거주하는 이들'이라고 정의한다.[53]

현대 사회의 힙스터 역시 주류 문화를 따르기보다 소수가 향유하는 문화에 관심을 가지고 희소한 것을 좇는다. 20세기와 달라진 점이라면 상대적으로 지역성에 가치를 두기 시작했다는 점이다. 세계화가 진행되면서 대도시들은 단일한 모습으로 변해 가는 중이다. 어디서나 같은 고층 빌딩, 같은 프랜차이즈 점포를 볼 수 있게 되었고, 도시가 가진 고유한 지역성은 점점 사라져 갔다. 그런데 힙스터들은 사라져 가는 지역적 요소들을 발굴하듯 찾아내 그들만의 문화로 즐긴다. 캐나다의 지리학자 데보라 코웬Deborah Cowen에 따르면, 남들이 잘 가지 않는 도시의 다른 공간들을 즐기는 힙스터의 행동은 타인과 다른 패션, 가치, 취향을 추구하려는 욕구와 동일한 맥락이며 이는 '구별 짓기'의 일환으로 해석해야 한다. 네덜란드의 문화 연구자인 이코 말리Ico Maly와 피아 바리스Piia Varis 역시 코웬의 주장에 동의하며 힙스터 문화는 지역의 맥락에 맞게 '조정된다'고 말한다.[54] 하지만 코웬의 서술을 보면 힙스터에 관한 연구가 힙스터를 긍정적으로 평가하지만은 않는다는 것을 알 수 있다.

> "블록 블록마다 번화가의 가로 풍경은 무척이나 힙해지고 달라지고 있다. 각기 다른 바와 카페와 예술 공간과 레스토랑이 줄지어 있고, 바와 카페와 예술 공간과 레스토랑들, 그리고 바와 카페와……"[55]

'힙스터 어바니즘hipster urbanism'이라는 신조어를 만들어낸 코웬은 힙스터 문화가 대도시 길거리의 모습을 천편일률적으로 바꾸는 현상을 비꼬듯 묘사하며 힙스터가 젠트리피케이션을 유발한다고 본다.

그러나 대도시에서 주류와는 다른 희소한 문화를 의도

적으로 발견하고 타인과의 구별 짓기를 통해 정체성을 확립하는 젊은이들을 모두 힙스터라고 부를 수 있을까? 그들은 지역성을 자본의 논리로 귀결시키는 젠트리피케이션의 가해자, '젠트리파이어gentrifier'일까? 을지로에서 복합 문화 공간을 운영하는 청년들은 의도적인 문화적 구별 짓기를 수행하며 스스로를 힙스터로 인식하고 있을까?

을지로에 새롭게 자리 잡은 청년들이 살아온 이야기를 들어 보면서, 이들이 스스로의 정체성을 확립해 나가는 과정과 그 가운데에서 을지로라는 특정한 지역이 그들의 삶에 조응하는 방식을 들여다볼 수 있었다.

가장 보통의 생존주의

"전공은 기계과예요. 창업을 하고 싶었는데, 마침 나라에서 청년 사업 지원을 받았어요. 지원받은 사업은 시장 살리기 프로젝트 같은 거예요. 재래시장이 점점 없어지고 있는 현실이 문제가 되니까, 청년들을 재래시장으로 불러 모아 장사를 하게 해서 외부 손님들을 끌어오는 거예요."

(A, 34세 남성, 음식점 겸 문화 공간 운영)

"원래 주얼리 디자인을 전공했어요. 졸업하고 직장 생활을 8

년 한 후에 이 가게를 시작한 거예요. 어느 순간 서른이 됐는데, 친구들 중에서 저만 직장인이더라고요. 그래서 딱 서른이 됐을 때 '아, 이렇게 직장을 더 다니다가는 못 그만두겠구나' 생각하고 그만뒀어요. 회사에서 MD도 하고 전시 홍보 마케팅도 했는데, 그래도 할 줄 아는 게 주얼리 디자인이니까 '다시 해볼까?' 생각했고요. 마침 또 저랑 제 친구들이 작업실을 구해야 되는 타이밍이었어요. 저는 액세서리를 만들고 다른 한 명은 옷, 그리고 다른 한 명은 가죽을 해요. 저희 셋 다 외부 거래처에 왔다 갔다 해야 되는데, 가죽은 신설동이랑 연결돼 있고, 옷은 동대문, 저는 종로3가랑 연결돼 있어서 을지로에 자리를 잡게 되었어요."

(B, 33세 여성, 주얼리 작업실과 펍 겸 문화 공간 운영)

"저는 법학을 전공했어요. 취업 준비하면서 입사 시험 준비하던 스터디 그룹원들끼리 만든 조직이 있는데, 모여서 술 마시다가 술자리 농담처럼 '자본주의 속에서 구애받지 않는 경제 공동체를 만들어 보자' 했죠. 그런데 재작년에 제가 퇴사하기도 하고 여러 가지가 겹치면서 현실로 이루어진 거죠."

(E, 32세 남성, 와인바 겸 문화 공간 운영)

"저는 금속공예를 전공했고요. 주얼리 관련한 회사를 다니다

보니 '나도 내 브랜드를 가지고 싶다'는 생각을 하게 되었어
요. 마침 을지로에 예술 하는 친구들 작업실도 많고, 주얼리
재료 구하기도 쉽고, 회사 사무실이 있는 종로3가랑 가까워
서 을지로에 내 공간이 있었으면 좋겠다고 생각했어요. 그런
데 제가 또 집이 멀어요. 그래서 자주 안 나올 것 같으니까 매
일매일 여기에 나와야 할 구실을 만들려고 펍을 시작했어요.
제가 맥주를 좋아하기도 하고, 재료상이 다 낮에만 열려 있다
보니까 제가 가게에만 묶여 있으면 안 될 것 같아서 낮에는 작
업을 하고 저녁에 맥주를 팔고 있어요."

(M, 30세 여성, 주얼리 작업실 겸 펍 운영)

"재래시장 소상공인 지원 사업으로 들어왔어요. 원래는 시각
디자인을 전공했는데, 어쩌다 보니 가죽 공예를 하고 있어요.
가죽은 신설동에서 가져오는데, 을지로 일대에서 부자재를 구
해요. 여기서 가죽 제품을 만들어서 판매하기도 하고, 일반인
을 대상으로 원데이 클래스를 열기도 하고요."

(D, 32세 남성, 가죽 공예 작업실 겸 판매점 운영)

대체로 20대 후반에서 30대 초반인 을지로의 청년들은
모두 다른 배경을 가지고 있다. 이들이 을지로에 입주한 이유
역시 다양했다. A의 경우 대학에서 기계학을 전공하고 명동

에서 액세서리를 판매하다가 멀티플렉스 극장에 입점할 기회를 얻었지만, 극장 사업자가 바뀌면서 쫓겨난 경우다. 이후 치킨 전문점과 바에서 일을 하면서도 창업을 꿈꿨고, 현재 낮에는 카레를 먹고 저녁에는 술을 마실 수 있는 음식점을 운영하고 있다. 재래시장을 살리자는 취지로 중구청, 중소기업청, 소상공인진흥공단이 함께 지원하는 공모 사업으로 입주해 지원금을 받고 있다.[56] D 역시 같은 지원 사업을 받아 재래시장 내 공실에서 가죽 공방을 운영한다. 대학에서는 시각디자인을 전공했지만 전공과 무관하게 취미로 시작한 가죽 공예를 업으로 삼았다. 현재는 작업실에서 가죽으로 만든 제품을 판매하며 일반인을 대상으로 가죽 제품 제작 강의를 운영 중이다.

A와 D가 재래시장 활성화 공모 지원 사업을 통해 을지로에 입주한 경우라면, B와 M은 스스로 을지로를 선택해 작업실을 낸 경우다. 주얼리 디자이너인 B는 오랫동안 근무하던 문화예술 사업 회사를 나와 어릴 때부터 친구 사이였던 동료 두 명과 함께 을지로에 작업실을 구했다. 주얼리, 의류, 가죽 가방을 제작하는 세 명의 디자이너가 작업실을 공유하면서 월세를 내기 위한 수단으로 커피와 맥주를 판매하기 시작했다. 2017년 11월부터는 B 홀로 작업실 겸 바를 운영하고 있다. M 역시 금속공예를 전공했고, 주얼리 관련 업계에서 일하며 개인 브랜드를 론칭하기 위해 을지로에 작업실을 구했다.

공간 한 켠을 작업실로 만들고 나머지 공간에서는 간단한 음식과 맥주를 판매하고 있다.

E가 운영하는 와인바의 경우 조금 다른 출발점을 보인다. 입사 시험을 준비하던 스터디 그룹 구성원 10명이 남태평양의 경제 공동체를 다룬 다큐멘터리에서 영감을 받아 청년 조직을 만들었고 조합의 형태로 각자 출자한 자금을 모아 지금의 와인바를 만들었다. 대표를 맡은 E 이외에 본업이 따로 있는 조합원들은 월급의 일부를 회비로 낸다.

각자가 그리던 공간을 만들어 보기 위해 을지로에 입주한 이들. 왜 이들은 '놀 만한 곳'으로 이미 충분히 알려진 홍대나 이태원, 가로수길이 아닌 을지로를 택했을까?

"저희가 가게 자리를 알아보러 다닐 때 돈이 없었어요. 열 명이 모이긴 했는데, 다들 사회 초년생이었거든요. 그래서 100만 원, 200만 원 이런 수준으로 모으다 보니 당연히 홍대라든가 연남동 같은 데에는 들어갈 수가 없더라고요. 홍대나 연남동 가격을 진짜로 다 알아봤는데, 거기에서 괜찮다 싶은 데는 권리금이 있어요. 대로는 꿈도 못 꾸고, 골목으로 들어가도 다 권리금이 있더라고요. 임대료도 임대료지만 보증금하고 권리금이 너무 세서 시작할 수 없었어요. 언감생심이었던 거죠. 그렇게 찾다 보니 아직 뜨진 않았지만 저희가 봤을 때 괜찮고,

여기서 장사하면 충분히 먹고살 수는 있겠다 싶은 동네가 몇 군데 있었는데 그중 하나가 을지로3가였어요. 유동 인구도 꽤 있고, 직장인들도 계시고."

(E, 32세 남성, 와인바 겸 문화 공간 운영)

"을지로 말고 다른 데도 찾아봤어요. 물론 다른 동네에도 공방 같은 건 많아요. 대신 권리금이 있죠. 그런데 을지로는 사무실로 사용되던 건물을 얻어서 들어가면 아예 권리금이 없어요."

(M, 30세 여성, 주얼리 작업실 겸 펍 운영)

"셋이서 중간 지점을 찾아야 하는데, 익선동 같은 곳은 이미 떠서 너무 비쌌어요. 그래도 중간 지점을 생각해서 종로구나 중구 쪽에 작업실을 내고 싶었어요. 그중에서도 좀 더 외부로 나오기 좋게 선택한 곳이 을지로3가였어요. 생각보다 을지로가 보증금이 낮아요. 을지로에는 권리금이 거의 없거든요. 원래 펍 같은 장사를 하던 데가 아니니까."

(B, 33세 여성, 주얼리 작업실과 펍 겸 문화 공간 운영)

문화예술가들처럼 이들 역시 을지로의 장점을 서울 다른 지역에 비해 낮은 권리금과 보증금이라고 이야기한다. 물질적인 측면에서 사업 초기 투자 비용이 넉넉하지 않은 청년들에게 을지로는 좋은 선택지가 되었다. 게다가 서울 도심에 있어 접근성도 좋다.

그런데 이들의 '장사'는 여느 장사와는 다르다. 이들의 이야기를 자세히 듣다 보면, 이들이 을지로에서 꾸려 나가는 공간은 단순한 모양이 아니다. 청년들은 각자의 목표에 맞추어 공간과 문화예술을 적극적으로 연결하려는 모습을 보인다.

"기계과를 나왔지만 주위에 그림을 그리거나, 음악을 하거나, 사진을 찍는 등 문화예술 관련 일에 종사하는 친구들이 굉장히 많아요. 간판에 '문화 공간'이라는 이름을 내건 것도, 음식을 파는 식당이지만 동시에 그 친구들과 연계해서 뭘 했으면 좋겠다고 생각했기 때문이에요. 그런데 막상 해보니 한계가 있더라고요. 여기서 밴드 공연을 한다고 하면 음악 장비가 풀로 세팅되어 있어야 하잖아요. 2층이라서 그 친구들이 여기로 드럼을 옮길 수도 없고. 그런 문제가 있더라고요. 대신 전시를 기획 중이에요."

(A, 34세 남성, 음식점 겸 문화 공간 운영)

"주얼리 디자인을 한 지 2년 정도 됐는데, 주얼리도 좋지만 회사에서 전시 기획을 했던 경험이 있어서 그런지 기획 일도 좋더라고요. 그래서 여기에서 직접 전시나 공연을 기획하고 실제로 하려고 해요. 그림 걸어 놓는 전시도 했고, 플리마켓도 했고, 싱어송라이터의 공연을 열기도 하고. 오픈 1주년 때는 크게 파티도 했어요. 저희 테이블이 다 접혀서 쉽게 치울 수 있거든요. 그래서 맥주만 팔기보다는 공간을 재미나게 이용할 수 있겠다는 생각이 든 거죠. (…) 여기는 뮤직비디오나 잡지 촬영할 때만 대관하고 나머지 공연이나 전시는 직접 기획하는 편이에요."

(B, 33세 여성, 주얼리 작업실과 펍 겸 문화 공간 운영)

A는 문화 공간이라는 정체성을 간판으로 내걸 만큼 공간의 물리적인 형태를 적극적으로 활용한다. A의 가게는 재래시장 내 오래된 상가 2층에 있다. 장비가 많이 필요한 밴드 그룹이 공연하기에는 한계가 있지만, 면적 자체가 넓어 작가들의 작품을 전시하는 이벤트는 충분히 고려해 볼 만하다고 이야기한다. B는 퇴사 후 작업실 겸 펍을 운영하면서도, 오랜 직장 생활에서 얻은 경력을 토대로 전시 기획자의 정체성을 적극적으로 선보인다. 자신의 공간을 자유자재로 활용하며 직접 기획한 전시나 공연 등을 여러 차례 열었다. 특히 B와 두 명의 작업자들이 직접 꾸민 내부 인테리어는 이곳만의 특징이 되어 입소문을 탔고, 다수의 뮤직비디오와 잡지에 등장하기도 했다. M은 자신의 공간을 보다 개인 작업에 집중하기 위한 곳

으로 마련했으면서도 펍을 운영하는 이유로 "최근 을지로에 문화예술가들이 많고, 손님으로 온 분들과 미술, 음악 이야기를 하는 것이 개인 작업에 도움이 많이 된다"고 이야기했다.

을지로에 터를 잡은 청년들은 공간의 표면적 성격과는 무관하게 문화예술의 요소를 공간으로 끌어들여 그 용도와 의미를 다양하게 제시한다. 이들의 행위는 '주류 문화와는 구별되는 놀잇거리'를 찾고자 하는 사람들이 을지로를 찾게 하는 동인으로 작용하면서 지역에 새로운 생명력을 불어넣는다. 청년들이 복합 문화 공간을 운영하는 일은 스스로 동원 가능한 수단, 즉 주어진 조건과 한계를 인지하고 과한 욕심을 부리지 않는 것에서 출발한다. 청년 예술가들과 마찬가지로, 청년 상인들은 경제적인 측면에서 혹은 각자가 속한 업계에서 눈에 띌 만큼 대단한 성과를 바라지 않는다.

"계속 와인바 사업을 확장해야 할지, 아니면 원래 계획대로 욕심부리지 않고 지금 규모를 유지하는 선에서 제가 하고 싶은 걸 할지 고민이 있어요. 그런데 청년 조직을 만들고 처음 사업 시작할 때, 와인바가 생계 수단이긴 하지만 스트레스를 받지 않는 일터가 되었으면 하는 바람이 있었거든요. 동시에 저와 여기 구성원들 모두에게 자신이 좋아하는 일을 하는 공간이 되었으면 했고요. 제 원래 꿈은 가게 사장이 아니에요. 그렇다면 와인바에는 최소한으로만 개입하고, 원래 하고 싶었던 일을 찾아서 하는 게 맞는 거죠."

(E, 32세 남성, 와인바 겸 문화 공간 운영)

"어차피 작업실을 유지하려면 월세를 계속 내야 하잖아요. 그런데 또 저희가 맥주를 되게 좋아해요. 그래서 맥주를 팔면 좋아하는 일을 하면서 월세 정도는 낼 수 있지 않을까 생각했어요. 각자 제작하는 물건들이 있으니 그걸로 수입을 충당하고, 펍은 작업실 유지를 위한 수단이었던 거죠. (…) 을지로가 오히려 홍대처럼 너무 밀집되면 저희가 처음 이곳에 들어왔던 취지랑 어긋날 것 같아요. 돈 많이 벌고 싶었으면 이미 이 가게를 상업적으로 운영했을 텐데 전 딱히 돈 버는 일에 관심이나 욕심이 별로 없어요. 잘되면 좋은 거고."

(B, 33세 여성, 주얼리 작업실과 펍 겸 문화 공간 운영)

E와 조직원들에게 와인바는 생계 수단이다. 하지만 더 많은 돈을 벌기 위해 초기 계획에서 무리하게 확장하지 않고, 적정 수준을 유지하며 조직원 모두가 각자의 목표를 향해 가는 중이라고 말한다. E의 근원적 목표는 수익을 내는 것보다 조직과 공간을 기반으로 하고 싶은 일을 찾아 나가는 것이다. 그렇기에 이들에게 와인바는 무한 경쟁 사회에서 잠시 몸을

피해 공생을 이야기하고 싶은 청년들의 목표와 가치를 실험하는 곳이다. B는 한 발 더 나아가, 직접적으로 "돈 욕심을 부리지 않는다"고 밝혔다. B는 이곳에서 하고 싶은 디자인 일을 하면서 좋아하는 것으로 공간의 월세를 감당한다. 개인의 작업실로 활용하면서도 직접 기획한 전시나 공연을 선보이는 공간을 유지하기 위함이다.

을지로 청년 상인들은 수익의 극대화를 추구하지 않는다. 돈을 많이 버는 것이 진정한 목적이 아니라면 이 청년들이 추구하는 바는 무엇일까? E와 B의 이야기에서 실마리를 찾을 수 있다. 이들은 공간 운영의 가치를 취향의 문화를 형성하는 데 두고 있다.

"가게 자리를 찾으러 다닐 때도 내부에서 수제 맥주를 판매하자는 이야기가 많았어요. 그런데도 와인바를 하게 된 결정적인 이유는, 을지로에 와인 판매하는 곳이 없더라고요. 외국에서는 와인을 일상적으로 마시는데, 한국에서는 아무래도 와인을 수입하니까 비싸다는 인식이 있어서인지 와인을 어려워하고 잘 마시지 않아요. 그런데 알아보면 저렴하게 들여올 수 있는 와인이 있어요. 저희는 와인바를 통해 와인도 가볍게 마실 수 있는 술이라는 인식을 만들고 싶었어요. 커피나 맥주 한 잔 마시는 기분으로 와인 한 잔 마실 수 있는 공간으로 만들고 싶었죠."

(E, 32세 남성, 와인바 겸 문화 공간 운영)

"여기 오는 사람들한테 새로운 공간에 떨어진 듯한 판타지를
주고 싶어서 처음에 이 공간을 얻었을 때는 호텔 로비처럼 꾸며
보고 싶었어요. 지금은 없어졌지만 예전에 있었던 세 개의 작업
실이 각자의 방 같은 느낌이 나기도 하고 그랬거든요. 그리고
여기 다 함께 공유하는 큰 테이블이 있잖아요. 호텔 로비에서
이 사람 저 사람이 모두 섞이듯이, 여기에서 손님들끼리 막 섞
이면서 잠시나마 쉴 수 있다는 판타지를 가졌으면 해요. 좋아
하는 걸 하다 보면, 이 공간을 좋아해 주시는 분들이 모여들어
복합 문화 공간을 향유하는 취향이라는 게 만들어지니까요."

(B, 33세 여성, 주얼리 작업실과 펍 겸 문화 공간 운영)

　　회사원이나 영세 사업자가 대부분인 을지로에서는 자
연스럽게 소주 혹은 맥주 중심의 문화가 발달했다. E와 조직
원들은 커피 한 잔 마시듯 가볍게 와인을 마실 수 있는 문화
를 이곳에서 도입해 보고자 했다. 마침 이들에게는 저렴하게
매입해 올 수 있는 와인이 있었기 때문에 가능했다. 그렇게 이
곳은 을지로인들과 E의 청년 조직 모두에게 '와인 한 잔' 문
화의 가능성을 시험해 보는 곳이 되었다. 그런가 하면 B는 가

게에 방문하는 사람들이 새로운 판타지를 마주하거나 우연한 만남을 경험하길 바란다고 했다. 사람들이 공간을 필요에 의해 잠시 스쳐 가는 것이 아닌 향유하는 대상으로 여기고, 공간에서 겪는 우연성을 느끼는 일종의 '취향'으로 발전시킬 수 있기를 기대한다.

치열한 경쟁 사회에서 불확실성을 안고 각자의 가치와 목표를 시도하는 을지로의 청년들. 이들은 일종의 개척자라는 면에서 동질감과 연대 의식, 상부상조의 태도를 가지고 있다. 이들은 을지로에서 만들어 나가는 새로운 삶에 서로를 적극적으로 개입시키기도, 서로에게 의지하며 기대기도 한다. 때로는 을지로라는 낯선 공간에 처음으로 발을 들이는 사람에게 안내자의 역할을 수행하기도 한다.

"여기 문화예술가분들과는 오며 가며 마주치면 인사하고 지내죠. A 식당에는 밥 먹으러 자주 가고."
(D, 32세 남성, 가죽 공예 작업실 겸 판매점 운영)

"A와는 여기 와서 서로 알게 된 거예요. 일하면 피곤하고 힘드니까, 가까이 지내는 사람들과 친하게 지내면서 스트레스 풀 수 있는 건 좋은 것 같아요."
(M, 30세 여성, 금속공예 작업실 겸 바 운영)

"처음에 여기 자리 소개해 주셨던 부동산 사장님이랑도 잘 지내죠. 저 때문에 이 근처에 6~7명이 들어왔거든요. 저랑 부동산 아저씨 소개로 친구들이 많이 들어왔어요. 지금 클리크레코드라는 음반 가게도 들어오고, 충무로 명보사거리 쪽에 전 직장 영화 팀장님도 들어오시고, 카페 분카샤 주인도 건너서 알고. 이렇게 알음알음 다 친구 소개로 을지로로 들어오고 있어요."
(B, 33세 여성, 주얼리 작업실과 펍 겸 문화 공간 운영)

"을지로 초기에 먼저 카페를 하셨던 형님이 성공하셨어요. 거길 오가다가 '이런 식으로 골목에서 장사하는 걸 보니 우리도 할 수 있겠다'라고 생각했죠. 그 당시에는 괜찮다고 하는 데가 서너 곳 있었고, 현실적으로 그런 분들을 보고 을지로에 들어온 것도 사실이에요. 여기서 잘된 분에게 전반적인 사업 코치를 받으니 자신감도 생기고. (…) 여기가 바닥이 그리 넓지 않으니 사람들끼리 다 알아요. A나 M은 그냥 아는 정도가 아니라, 돈이 엮여 있지는 않지만 거의 같이 운영한다 해도 무방할 정도로 매일 보고요. '오늘 어땠다'라고 맨날 밤에 모여서 같이 얘기할 거리가 있으니까."
(E, 32세 남성, 와인바 겸 문화 공간 운영)

요식업의 경우는 서로가 서로의 손님이 되기도 한다. 인터뷰를 위해 필자가 A의 음식점을 찾았을 때 점심 식사를 하고 있던 D를 보았고, 그 자리에서 소개받을 수 있었다. D는 을지로의 가장 바깥쪽에 공방을 얻었지만, 문화예술가들과 꾸준히 친분을 쌓고 있다. M 역시 을지로에서 만난 청년들과 가까이 지낸다. 지리적으로 가깝게 지내다 보니 서로 말벗이 되어 주며 일상의 피곤함을 해소할 수 있는 친밀감까지도 유지한다.

B와 E의 경우, 인맥을 보다 적극적으로 활용한다. B는 가게가 자리를 잡은 후에 지인들이 을지로로 들어오는 과정에 도움을 주며 인적 네트워크의 선순환을 이끌어 냈다. E 역시 을지로에 입주한 결정적 계기가 이곳에서 카페를 성공적으로 운영했던 지인의 도움 덕분이라고 말한다. 을지로에서는 '바닥이 그렇게 넓지 않기' 때문에 주위 사람들과 네트워크를 형성하게 되며, A와 M에 대해서는 동료 의식과 친밀감을 드러냈다. 특히 그는 홍대나 이태원처럼 이미 '놀 만한 곳'으로 유명한 지역에서는 비슷한 색깔로 운영하는 업종이 너무 많아서 연대하기가 힘들지만, 을지로는 "가게들이 띄엄띄엄 있고 다들 또래라 새로운 사람을 마주치면 반갑다"고 이야기했다.

청년들은 각자가 가진 조건과 자본, 인적·물적 자원을 활용하며 주어진 한계 내에서 가능한 행동들을 취한다. 을지로 바깥에서 삶을 꾸려 나가는 청년들과 비교해 보아도 다르지 않은 모습이다. 을지로의 청년들은 소수 문화를 추구하며 의도적으로 정체성을 구별 짓거나 힙함 혹은 희소성만을 맹목적으로 좇는 힙스터가 아니다. 오히려 이들은 생존을 위해 기회를 모색하고 분투하는 이 시대의 평범한 청년들이다.

사회학의 언어로 을지로의 청년들을 다시 바라보자. 이들 역시 여느 청년들과 다를 것 없이 살아남을 것을 강요하는 사회에서 각자의 방법으로 대응하고 있다. 사회학자 김홍중은 2015년 연구에서 생존주의survivalism를 이야기했다. 생존주의는 신자유주의의 극한 경쟁 체제가 만들어 낸 어려움을 극복하는 과정에서 등장한다. 이전 세대들과 달리 현재의 청년 세대는 더 이상 극한의 상황을 이겨 내는 방식을 영웅담처럼 거창한 방식으로 추구하지 않는다. 대신 소박하고 평범한 안정을 위해 가능한 수단을 동원해 눈앞의 문제들에 응전한다. 그러면서도 각자가 처한 환경의 한계를 수락하고 주어진 조건 안에서 새로운 방식의 삶의 궤도를 적극적으로 찾는다. 그것이 경쟁 구도에 기꺼이 편입하는 것이든, 경쟁으로부터 탈주하는 것이든 각자만의 생존 전략을 모색하며 두려움을 극복한다.[57] 김홍중은 생존주의 시대를 살아가는 청년들이 추구하는 방식에는 독존주의, 공존주의, 탈존주의가 있다고 말한다. 독존獨存주의는 자신의 삶을 개인화, 자율화하며 사회적 삶으로부터 거리를 두는 초월적 자세를 뜻한다. 반면 공존共存주의는 극한의 경쟁 상황에 집합적 움직임으로 대항하는 것으로, 기본소득운동이나 협동조합 등이 이에 속한다. 특히 공존주의의 관점을 지닌 청년들은 공적인 문제에서 약자를 위한 정의를 추구한다. 탈존脫存주의는 사회적이고 생물학적, 정치적인 존재 자체로부터 벗어나며 극단적으로는 삶을 끊고 싶어 하는 마음을 지닌 태도를 뜻한다. 생존주의의 스펙트럼에서 을지로 청년들은 어디에 위치하는가?

가장 먼저, 독존주의적인 모습을 발견할 수 있다. 김홍중은 독존주의가 '자족적이고, 자기중심적이고, 비사회적인 자유주의적 삶의 형식'이라고 묘사했다.[58] 을지로의 청년들 대부분은 퇴사한 경험이 있다. 경제 활동이 가장 활발한 나이의 퇴사는 단순히 직장을 그만두는 것 이상의 함의를 가진다. 이들은 사회가 요구하는 경제력, 다시 말해 돈 버는 일을 극단적으로 추구하는 피로한 삶에서 자진해서 벗어난 사람들이다. 그렇다고 이들이 삶에서 생산성 자체를 포기한 것은 아니다. 맹목적으로 돈만을 좇는 삶으로부터 한 발 물러서서 자신이 원하는 바를 시도하면서도 적정 수준의 경제 활동을 수반하는 삶을 영위한다. 똑같은 삶으로부터 탈피해 개인의 목표를 을지로에서 실험하는 이들은 무한 경쟁 체제에 소극적인 저항을 시도한다. 사회에서 청년 세대가 모범으로 삼을 만한 영웅적이고 거대한 성공보다는 스스로가 원하는 가치를 각자가 가진 자원과 조건으로 시도함으로써 삶의 행복을 실현해 간다.

이들은 공존주의의 면모도 갖추고 있다. 개인 혹은 소규모의 팀 단위로 움직이는 을지로 청년 사업가들은 사회 전체에서 큰 목소리를 내기 쉽지 않다. 그렇기에 서로가 서로를 돕고, 때로는 의지하는 느슨한 연대 관계를 유지한다. 이 네트워킹은 서로가 도태되거나 낙오하지 않도록 붙잡아 주는 역할을 수행한다. 그렇다고 해서 이들이 구체적으로 공동체를 꾸리거나 조직을 형성하는 것은 아니다. 오히려 소소하게 일상을 공유하고 친목을 도모하며 지역이나 사업과 관련된 의견을 나눈다. 서로의 존재를 확인함으로써 을지로의 청년들은 냉혹한 경쟁 사회에서 '따로 또 같이'라는 적절한 대처법을 찾는다.

각자가 알아서 살아남기를 요구하는 경쟁 사회에서 을지로는 청년들에게 작은 규모로 삶의 가치를 시험해 보는 대안이 된다. 하지만 을지로의 청년들은 이곳이 청년들에게 마냥 이상적인 지역으로만 영속될 것이라고 생각하지는 않는다.

지금, 여기 을지로 어바니즘

서울에서도 상업화는 '바와 카페와 예술 공간과 레스토랑'의 끊임없는 행렬로 대표된다. 을지로 청년들의 시도 또한 비슷한 모습을 하고 있는 것처럼 보인다. 그러나 이미 이들이 시도하는, 장사라는 일종의 사회적 실천들은 힙스터 정신에 의거한 것이 아닌 생존주의 시대의 청년으로서의 도전임을 보았다. 그럼에도 청년들은 우려한다. 젠트리피케이션이 발생해 을지로만의 차별성이 없어지고, 결국 자신들마저 쫓겨나지 않을까 하는 걱정이다.

"건물이 팔리거나 주인이 바뀌면 저희 같은 세입자들은 나가야 해요. 이 동네가 떠서 주인이 월세를 올려 달라고 하면 저희가 손쓸 도리가 없죠. 그래서 임차인 권리 보호가 있어요. 법적으로 임차인은 5년간 권리를 보호받을 수 있고, 집주인은 월세를 1년에 9퍼센트까지만 올릴 수 있어요. 그래서 당장 월세가 오르지는 않을 것 같아요. 그런데 이 근처에서 가게를 운영하는 형이 있는데요, 미디어에 노출되는 걸 극도로 싫어해요. 다른 데에서 젠트리피케이션 때문에 쫓겨나셨는지 을지로에도 같은 일이 벌어질까 두려워하고 걱정을 많이 하세요. 개인적으로 지금 당장은 을지로에 사람들이 많이 들어오는 게 좋지만 사람들이 더 들어와서 포화 상태가 되면 그때는 걱정이 되겠죠. '을지로에서 가게 열면 잘된다'고 소문이 나서 더 많은 사람들이 몰려오면 집주인들이 월세나 보증금을 올려 달라고 요구할까 봐 무섭기는 해요. 저는 필요하니까 여기 와서 할 일을 하고 있는 건데. 젠트리피케이션의 안 좋은 예들이 있잖아요. 그런 곳들처럼 변해 버릴까 봐 걱정이에요."

(A, 34세 남성, 음식점 겸 문화 공간 운영)

"들어온 지 1년밖에 안 돼서 너무 짧기는 한데, 그 1년이라는 시간 사이에도 많이 바뀌었거든요. 겉으로 봤을 때는 많이 안 바뀐 것처럼 보이지만 들어와 있는 사람들 입장에서는 변화가 커요. 우선 인쇄소가 계속 나가고 있어요. 장사가 안 되니까 한 달에도 몇 개씩 나가요. 물론 그 자리에 다 카페가 들어오진 않죠. 그런데 계속 소문이 들려요. 외부에서 굵직굵직한 사람들, 이름만 들어도 '아, 거기' 하시는 분들이 들어올 거라고요. 을지로에는 권리금이 없고 사업성은 있다는 사실을 아니까 오시겠죠. 결국 부동산 때문에 들어오는 건데 계속 새로운 가게가 생기다 보니 초기에 들어온 입장으로는 우려 반 기대 반이에요. 이 지역이 활성화돼서 소위 말하는 '핫 플레이스'가 되면 유동 인구나 외부에서 유입되는 사람들이 늘어날 테니까 좋겠죠. 그런데 장기적으로는 다른 지역처럼 임대료가 오를까 봐 걱정이 돼요."

(E, 32세 남성, 와인바 겸 문화 공간 운영)

자영업을 하다가 쫓겨난 경험이 있는 A는 젠트리피케이션에 민감하게 반응했다. 특히나 A에게는 젠트리피케이션 때문에 생활 터전을 바꿔야 했던 지인이 있다. 지인의 경험을 간접적으로 겪은 A는 을지로에 젠트리피케이션 현상이 발생하면 자신 역시 피해자가 될 수 있다는 두려움을 가지고 있다. E도 유사한 입장을 보인다. 을지로에 입주한 지 얼마 되지 않았기 때문에 섣부르게 판단하지 않으면서도 짧은 기간 동안 직접 목도한 변화를 기억하고 있다. 그는 사업자의 관점에서 을지로의 유동 인구가 원래 많지 않기에 을지로가 이른바 '핫 플레이스'가 되기를 기대한다. 하지만 한편으로는 투기의 목적으로 유입하는 사업가들로 인한 임대료 상승에 우려를 내비친다. 이들에게 을지로는 음식 혹은 와인과 문화예술을 결합하는 시도를 통해 삶의 다음 과정을 준비할 수 있는 장소이지, 다른 지역과 같은 가치를 가진 선택지 중 한 곳이 아니기 때문이다.

조금 다르게 생각하는 청년 사업가들도 있다. 일부는 을지로와 젠트리피케이션을 같은 선상에서 바라보지 않는다.

"A와 얘기를 하다 보면 젠트리피케이션이 걱정되기도 해요. 안 그래도 월세 부담되는데 쫓겨날 상황이 생길까 봐요. 망원동에 사는 친구가 술만 마시면 그러더라고요. '망원동 좀 그만 와!'라고. 그런데 사실 저는 '을지로 좀 그만 와!'라고 말하고 싶지는 않아요. A는 장사를 하는 입장이지만 저같이 공방을 운영한다면 사람이 많아지고 눈이 몰릴수록 재미있는 일을 더 많이 할 수 있으니까요."

(D, 32세 남성, 가죽 공예 작업실 겸 판매점 운영)

"정비하면서 아무리 깔끔해진다 해도 이 분위기는 남아 있지 않을까요? 제가 뭔가를 한다고 해서 여기가 바뀌거나 할 것 같지는 않아요. 그리고 제가 여기가 변화하는 데 영향을 미칠 수 있는 것도 아니라서."

(M, 30세 여성, 금속공예 작업실 겸 바 운영)

"을지로는 젠트리피케이션 영향을 별로 안 받을 것 같아요. 을지로 건물주분들은 보통 건물을 여러 채 갖고 있어서, 다들 월세를 받기만 하면 된다는 태도이신 걸로 알고 있고요. 이번에 재계약을 했는데 건물주가 월세를 뭐 하러 올리냐고 하시면서 '거기 어차피 사무실로 내놔도 4층까지 안 써. 너희가 더 써'라고 하셨거든요. 지류(紙類) 같은 경우는 을지로가 꽉 잡고 있으니까 그분들이 이사를 가거나 하진 않을 것 같고, 다른 지역처럼 젠트리피케이션이 일어날 것 같지는 않아요. 경리단길은 사람들 다 떠나고 그랬잖아요. 거기는 주거 지역이 많아서 그렇게 된 거라고 생각하는데, 이쪽은 일하시는 분들이 많아서 괜찮을 것 같아요. 인쇄소가 나가는 이유는, 여기에 젊은 사람들이 들어와서 월세가 올라가니까 그들이 나가는 게 아니라 요새 책이 잘 안 팔리고 인쇄업이 잘 안돼서 그런 거라고 하시더라고요."

(B, 33세 여성, 주얼리 디자인 작업실 겸 펍 운영)

D는 젠트리피케이션의 발생을 다소 우려하면서도, 사람들이 모였을 때 '재미있는 일'이 발생할 여지가 많아지기 때문에 가죽 공예 작업의 영감을 얻기 위해서라도 사람들이 많아졌으면 좋겠다고 밝혔다. M은 을지로의 가로변이 깔끔해지거나 물리적으로 바뀐다고 해도 여기만의 분위기가 남아 있을 것이라는 낙관적인 전망을 한다. 그녀는 자신이 을지로를 변화시키는 데 주도적인 역할을 하지 않는다고 생각하며, 개인 작업을 하는 주얼리 디자이너로서 필요에 의해 을지로를 활용하는 모습을 보인다. D와 M처럼 자신의 공간이 사업보다는 문화예술의 영역에 속한다는 정체성을 더 크게 가지는 이들은 젠트리피케이션에 크게 영향을 받지 않았다.

　　B는 젠트리피케이션 우려에 대해 다소 다른 시각을 내놓는다. 을지로와 충무로 일대의 인쇄소가 많이 빠져나가는 현상이 젠트리피케이션의 전조 현상이라고 생각하는 E와 달리, B는 젠트리피케이션과 관계없이 인쇄업 자체가 쇠락하기 때문에 관련 업장이 빠져나가는 것이라고 말한다. 또한 B는 최근 젠트리피케이션 문제를 겪고 있는 경리단길과는 달리 을지로는 상공업소가 주를 이루며, 새롭게 생겨나는 복합 문화 공간이 공실이나 사무용 공간에 들어오기 때문에 젠트리피케이션을 유발하지 않을 것으로 판단한다.

　　B의 해석을 통해 을지로를 젠트리피케이션 논의에 국한

하지 않고 더 넓은 시각으로 바라볼 수 있다. 주거 지역이 아닌 제조업과 공업, 사무업 회사들 사이에서 각자의 바, 카페, 레스토랑, 예술 공간을 열고 문화를 만들어 나가고자 하는 이들에게 수익 그 자체는 목표가 아니다. 취향의 차이를 전시하는 공간으로 축소 환원할 수 있는 문제도 아니다. 을지로는 각자가 오늘의 생존과 내일을 도모하는 완충 지대다.

모두가 장사를 하는 완충 지대에서, 청년들은 지역의 원주민들과 조화로운 공생을 도모한다.

"여기 시장에서 오랫동안 장사해 오신 분들은 4, 5천 원짜리 백반을 드시다가 8천 원짜리 토핑 올라간 크림 카레 파는 집이 생긴다고 하면 이해를 못 하죠. 그래서 처음엔 '너네 왜 들어오느냐. 돈만 쓰고 나간다. 망할 거다'라고 하셨어요. 텃세를 부리는 게 아니라 정말 걱정이 돼서 그렇게 말씀하시는 거예요. 요식업 자체가 처음에는 지인 장사잖아요. 오픈했을 때 친구들도 많이 오고, SNS를 보고 찾아오시는 분들도 어느 정도 있다 보니, 처음에는 '너네 잘되냐'라고 걱정만 하시던 분들도 이제는 '잘해라'라고 하시거나, '오늘은 밥값 했냐'라며 안부를 물으세요."

(A, 34세 남성, 음식점 겸 문화 공간 운영)

"상인분들께 도움을 많이 받아요. 아랫집에 계신 분들은 인쇄업을 하셔서 종이 쓰라고 그냥 주시기도 해요. 그런데 아쉽게도 저희랑 연령대도 다르고, 그분들이 여기 오실 고객층도 아니고, 저희도 딱히 말씀드릴 게 없어서 큰 교류가 이루어지지는 않죠. 대신 여기 앞에 보면 '골목식당'이라고 작은 밥집이 하나 있어요. 저희는 거기 계신 어머님이랑 이야기를 많이 해요. 저희가 거기 가서 밥 먹을 때가 있는데, 같은 요식업을 하다 보니 정보를 알려 주시는 여기 '통'같은 분이세요. 저희가 도움을 드리진 못해도 주변분들에게 도움을 많이 받죠."
(E, 32세 남성, 와인바 겸 문화 공간 운영)

"원래 여기 계셨던 상인분들의 텃세나 이런 건 전혀 없어요. 저희가 개업하고 떡을 다 돌렸거든요. 그때 상인분들이 '여자 셋이서 뭐하려고?'하며 궁금해하시더라고요. '너네 비치해 둘 책 중에 소설도 있니?'하면서 책을 몇 권 쥐어 주시는 분도 있었고, 저희 가게 맥주 한 잔이 7, 8천 원이라고 하니까 비싸서 한 번밖에 못 오겠다고 농담처럼 말씀하신 분도 있고. 다 관심을 가져 주시더라고요. 그리고 저희가 4층인데 간판이 따로 없다 보니 손님들이 1층에서 헤매는 경우가 있어요. 그럼 '그 가게 찾냐'라고 물어보시면서 알려 주신대요. 또 혼자 짐 들겠다고 끙끙거리고 있으면 도와주시고. 상인분들이 겉으로 티 나게 잘해 주시는 건 아닌데, 은근히 잘해 주셔서 저는 더 좋았어요. 물론 처음부터 살갑게 다가오시진 않아요. 그렇지만 다들 무뚝뚝하신데 친절함을 보여 주셔서 좋아요."

(B, 33세 여성, 주얼리 디자인 작업실 겸 펍 운영)

을지로 청년들은 오랫동안 이곳에서 생업에 종사해 온 상공인들과 긍정적인 관계를 맺는다. 토속적인 음식을 판매하는 음식점과 인쇄 관련 업장이 혼재한 전통 시장 내에서 A의 가게는 독특한 입지를 가진다. 카레를 판매하는 A 음식점의 주 고객층은 젊은 사람들이다. 그렇기 때문에 전통 시장 내의 요식업 상인들에게 A는 경쟁 업체지만 동시에 대상 고객이 달라 전혀 상관없는 사람이 되기도 한다. 오히려 A의 독특한 메뉴는 지역 상인들의 우려를 사기도 했다. 하지만 A는 이를 진심으로 자신을 걱정해 주는 모습으로 느꼈고, 따라서 그것이 텃세라고 생각하지 않았다.

E 역시 비슷하다. 아래층에 있는 지류 업장과 큰 교류는 없지만 소소하게 종이를 무료로 제공받고 있었다. 또한 인근에서 오랫동안 식당을 운영한 상인에게 을지로에서 장사하는 데 필요한 정보를 얻기도 한다. 엘리베이터가 없는 건물 4층에 입주한 B는 물리적인 측면에서 도움을 받았다. B는 이제는 희귀해진 '개업 떡'을 돌리며 주변 상공인들에게 먼저 다

가가 긍정적인 관계를 형성하며, 을지로에서 겉돌 수도 있는 자신의 정체성을 지역에 밀착시켰다.

청년들은 기존 상공인들로부터 때로는 걱정 어린 우려를, 때로는 도움을 받으며 그들과 긴밀한 관계를 유지하기 위해 노력한다. 이는 을지로의 독특한 지역성 덕분에 가능한 일이기도 하다. 을지로는 본래 주거 시설보다는 사업장과 사무실이 밀집해 있던 지역이고, 제조업이 쇠락하면서 자연스럽게 공실률이 높아졌다. 따라서 비어 있는 공간을 적극적으로 활용하는 청년들의 존재는 상인들에게 오히려 반가운 존재였을 것이다. 을지로의 원주민들이 청년들의 입주를 공생의 개념으로 받아들일 수 있는 이유다. 이는 지역민들과 청년들이 긴밀한 관계를 형성하는 것에서 더 나아가 살가운 사이를 유지할 수 있는 원동력이 되었다.

을지로 청년들이 현재를 살아가는 방식은 지금, 여기 을지로만의 어바니즘urbanism을 만들어 나가고 있다. 훌륭한 입지와 저렴한 임대료, 문화예술가들의 입주 현상 등 이곳이 가진 강점을 청년들이 새로운 생존의 방향을 모색할 수 있는 실험실을 꾸려 나가는 데에 적절히 활용하고 있는 것이다. 앞으로의 을지로가 변화할 모습은 섣불리 예측할 수 없다. 그러나 적어도 이곳은, 코웬이 말한 것처럼 천편일률적이면서 색채가 없는 바와 카페, 레스토랑, 예술 공간이 줄지어 들어선 곳은 아니다. 이곳에는 힙스터가 없다. 청년들과 대치하는 동네의 원주민도 없다. 오늘날을 살아가는 청년들의 삶이 각자의 색깔로 발현되는 공간들이 조금씩 움트는 곳이다.

서울 도심이 폐허에서 근대로, 근대에서 현대로 발전해 오는 역사의 궤적에서 을지로는 묵묵히 도심 제조업 특화 지역이라는 명맥을 유지해 왔다. 을지로를 기반으로 서울은 눈부신 근대화를 이룩했지만 서울의 도시개발정책은 그 공로를 쉽게 인정하지 않았고 오히려 도심의 골칫덩어리로 천대했다. 제조업 장인들의 땀과 기억은 쉽게 잊히는 듯했다.

하지만 거대 자본의 투입과 정책 노선의 급선회라는 혼란 속에서도 을지로를 을지로답게 지켜 온 사람들은 이곳에 오래도록 자리해 온 제조업 상공인들이었다. 이들의 장인 정신은 제조 문화를 꽃피웠고 새로운 이주민들인 청년들과 함께 묻혀 가던 지역의 가치를 발굴했다. 지역과 건물을 자본 중심의 합리성이나 실용성으로만 바라보지 않고 일상 속에서 즐거움을 찾아낼 수 있는 하나의 대상으로 활용하기 시작했다.

자아 정체성으로서의 도시

장인에서 청년으로, 도시 재개발에서 도시재생사업으로 이어지는 변화는 을지로 본연의 지역성에 이곳을 거쳐 간 수많은 문화와 사람들의 삶을 중첩시킨다. 장인들과 청년들, 공공 기관의 협력이 이끌어 낸 을지로의 변화가 가진 의미는 세 가지로 나누어 볼 수 있다.

먼저, 을지로라는 도시 공간이 가진 물리적 환경에서 문화적 가치를 발견할 수 있다. 그간 서울은 '더 빨리, 더 높게, 더 많이'를 외치며 조금이라도 낡고 불편한 것들을 도시에서 재빠르게 지웠다. 다행히도 을지로는 불편함을 끌어안으면서 고요하게 오랜 시간 동안 살아남았다. 그 덕에 모든 것이 빠르게 변하는 서울 도심의 한중간에서 서울의 건축사적 변화와 그에 얽힌 도시의 역사를 반추해 볼 수 있다.

> "건물들도 너무 재밌지 않아요? 서울에서 보기 힘든 건물들이 많이 남아 있어요. 을지로엔 일제 강점기 적산 가옥부터 해방 후에 지어진 건물, 콘크리트 건물, 그리고 현대 건물이 다 뒤섞여 있죠. 거기서 재밌는 이야기가 많이 보여요. 조형적인 요소들도 그렇고요. '이런 건축물을 어디서 볼까?'라는 생각을 하게 되더라고요. 난민촌과 도심의 경계에 서 있는 건물들, 마구 지어졌지만 그렇다고 픽 쓰러질 것 같진 않은 건물들이 서로 의지해서 다닥다닥 있는데, 그게 되게 재밌고."
>
> (K, 30세 남성, 전시 공간 매니저 겸 시각예술가)

을지로의 오래된 건물들은 문화예술이라는 매개체를 만나지 못했더라면 그저 오래되고 낡아 정비해야 할 공간으로 남았을 것이다. 너무나도 허름해 당장이라도 부수고 다시 지어야 할 것 같은 건물은 가치 있는 공간이 아니었고, 오래된 건물에 입주하는 일은 금전적 가치로 환산한다면 비합리적이었다. 그러나 건축학계와 서울의 근대 역사를 연구하는 이들, 그리고 도심에서 새로운 놀이터를 찾아 나서는 청년들을 중심으로 도심 속 낡은 건물이 가진 희소성이 주목받으면서 을지로는 연구 대상으로 떠올랐다. 연리지처럼 옆 건물과 서로 기대어 이어지는 불규칙한 물리적 환경은 그 복잡성 때문에 쉽게 정리되지 못했다. 도시에서 흔히 보이는 정방형의 건물과 직선의 도로가 아닌, 예측할 수 없게 제멋대로 난 골목들은 우연성을 가져다준다. 시기별로 유행하던 건축 양식의 흔적이 그대로 남아 있는 을지로의 건축물과 길은 예술가와 공간 운영자에 의해 가치가 재조명되면서 신선한 재미를 선사한다. 사람들은 수십 년 전에 지어진 서울 근대 건물을 탐험하기 시작했다. 엘리베이터가 없는 중층 건물의 계단과 두꺼운 나무 손잡이는 도시를 산책의 공간으로 전유하는 시민들에게도 새로운 경험을 선사했다.

"지금 이 작업실이 이전 세대에 꽤 유명한 출판사 자리였대요. 여기 홍원빌딩이라는 건물 전체에 출판사가 입주해 있었는데 출판사 사장님 아들이 물려받으면서 건물 임대업을 하고 계세요. 사장님이 새로이 뭔가를 해보려는 젊은 사람들에게 관심이 많으셔서 저도 들어오게 됐고, 옆방은 드론 만드시는 분

들이 작업실로 쓰고. 젊은 사람들을 유치하시려고 하세요. 그
래서 일부러 내부 공사도 젊은 사람들 취향에 맞게 세련되게
하시고, 화장실 공사도 하시고."

(R, 28세 여성, 전시 공간 운영 및 시각예술가)

을지로는 문화적 가치가 경제적 가치를 창출할 수 있다
는 가능성을 보여 주기도 했다. 만일 을지로가 새 단장을 마
친 것처럼 균일하고 단정한 화이트 큐브white cube로 가득했다
면 청년들은 미로 같은 골목에 유혹당하지 않았을 것이다. 선
구자 역할을 한 소수의 청년 문화예술가들이 작은 규모로나
마 의미 있는 문화예술 활동을 해내면서 다른 청년들을 을지
로로 이끌었고, 이는 침체되어 있던 을지로 제조업장에 일감
을 가져다주면서 경제적 가치를 창출했다. 청년들은 공간을
꾸미거나 작업에 필요한 자재들을 모두 을지로에서 구한다.
이 과정에서 경험이 많은 장인들은 청년들에게 조언하기도
한다. 한 문화예술가는 "이 공간에 입주할 때 을지로 상가에
서 건자재, 전선, 조명, 바닥 공사까지 모두 도매가로 해주시
고 조언을 해주셨다"고 밝혔다.

청년 예술가들과 조명업자의 협업으로 만들어진 조명
브랜드 '을지 라이트'는 문화가 경제 가치를 만들어 낸 대표
사례다. 이들은 2015년부터 매년 '을지로, 라이트 웨이' 행사

를 열고 조명업 재도약의 기회를 꿈꾼다. 을지로 조명거리와 동대문디자인플라자에서 열린 2017년 행사에는 40여 팀이 참가해 문화예술과 조명 기술의 협업을 통한 독창적인 조명 작품을 선보였다.

그러나 무엇보다 을지로는 경험과 기억을 바탕으로 도시 문화를 만들어 나가는 사람의 소중함을 시사한다. 사람보다 자본을 우위에 둔 그간의 도시개발계획은 그곳에 살고 있는 사람들을 쉽게 잊고, 잊히도록 했다. 그러나 물리적인 공간인 도시에 터를 잡고 생활하며 공간을 전유하는 도시민들이 가진 공간 경험이나 기억은 자본으로 치환할 수 없다. 도시학자 제인 제이콥스Jane Jacobs는 도시 공간을 '스스로의 정체성을 형성하는 또 하나의 자아'라고 이야기한다. 사람이 정체성을 형성하는 과정에는 유기체적인 성격을 띤 공간에서의 경험과 그곳에 얽힌 사회적 상호 작용에 관한 기억이 필요하다.[59] 겨울이면 자주 얼어 살금살금 걸어야 했던 길, 방과 후 친구들과 떡볶이를 먹은 골목처럼 구체적인 기억과 경험은 한 사람의 자아를 구성하는 일부가 된다.

"내가 자랐던 지역이 없어지는 것만큼 사람 삶에서 심적인 문제를 일으키는 게 어디 있겠어요. 내가 어딘가로 돌아가서 추억할 거리가 남아 있는지, 그게 중요하죠. 각자가 가진 공간에 대한 향수, 내가 자란 곳, 좋은 일도 나쁜 일도 있었던 곳, 어렸을 때 친구랑 뛰어놀던 길. 나이 들고 상처 받아 힘든 일이 있을 때 그곳에 가면 편안해지는 게 있단 말이에요. 그런데 사람이 심적인 회복을 할 수 있는 여지를 다 없애는 게 기존의 도시 계획이었죠. 반면에 산림동 골목에는 역사나 기억이 다 남아 있잖아요. 나중에도 제가 이곳에 와서 향수를 느낄 수 있게 이 골목이 없어지지 않았으면 해요."

(K, 30세 남성, 전시 공간 매니저 겸 시각예술가)

을지로가 물리적으로나 사회적으로 존속해 온 것은 이 작은 사회에 아직까지도 건강한 생태계가 작동한다는 방증이다. 그렇지 않았더라면 을지로는 진작 세운상가의 건립과 우후죽순 들어서는 고층 빌딩에 가려 역사의 뒤편으로 사라졌을 것이다. 그리고 이제 을지로에서 새로운 시도를 하는 청년들이 늘어나면서 이전에는 보기 어려웠던 젊은 시민들의 발걸음이 을지로를 향하고 있다. 제조업 지역이라는 지역성만이 강하게 인식될 때는 확보하지 못했던 고객층이다. 현대 문화예술에 관심이 있거나 호기심으로 방문한 손님들은 도심 속에서 홀로 시간이 멈춘 을지로와 그 안에서 새로운 문화를 형성해 가는 공간들을 직접 거닐고 만지고 헤매면서 각자만의 기억을 만들어 가고 있다.

그들이 겪어 보지 못했던 을지로 사람들의 일상이 새로운 도시 경험으로 심어지듯, 을지로 발전의 시기를 기억하는 사람들 또한 다른 층위의 기억을 쌓아 나가고 있을 것이다. 옛 모습이 사라지지 않고 현재의 모습과 공존하는 지역의 모습은 을지로에 대한 이전의 기억에 새로운 기억을 덧씌우기보다 추가하며 도시를 새로운 시각에서 바라볼 수 있게 한다. 장인들과 청년들이 바꾸어 나가는 을지로의 변화는 사람들이 다층적인 차원에서 도시를 경험하게 하고 그 기억을 자아의 일부분으로 만든다.

공간적 상상력을 발휘하다

청년들의 문화예술과 사업 활동은 시민들이 익숙하게 알던 을지로의 모습과 전혀 다른 모습의 공간을 내보인다. 공간을 다른 모습으로 활용할 때 상상력은 가동된다. 인간이 사회 활동을 하면서 특정한 공간을 인지하고 그로부터 받아들인 이미지를 변형하는 능력인 공간적 상상력이 을지로에서 발휘될 수 있는 이유다.

프랑스의 철학자 가스통 바슐라르Gaston Bachelard에 따르면 인간이 보유한 본성의 주요한 권능인 상상력은 우리가 공간을 지각하며 받아들인 이미지를 다른 이미지로 바꾸어 내고, 초기에 지각한 이미지[60]로부터 인식을 해방시킨다.[61] 즉,

특정한 것을 보고 듣고 느낄 때 지각하는 모든 심상의 총체인 이미지는 상상력에 의해 변형된다.[62] 주어진 기호와 상징을 얼마든지 변형할 수 있는 능력인 상상력은 가변적인 성질 때문에 옳고 그름을 판단하는 기준이 될 수 없었다. 근대적 이성을 준거로 삼아 합리성을 판단하던 시기에 상상력은 사회를 설명하는 데에 적합하지 않았다. 하지만 다원화되어 가는 사회에서 합리성과 실용성만으로는 비논리적이고 비합리적인 사회 영역을 설명할 수 없을 뿐만 아니라, 경직된 하나의 방식으로만 사회를 바라보게 만든다. 이 간극을 메운 것이 상상력이다. 공간적 상상력은 천편일률적이던 도시들이 각자의 정체성을 확립해 나가는 과정에서 중요하다. 공간적 상상력이 가동되면 인간이 실용성을 기준으로 공간을 바라보거나 활용하는 것이 아닌, 공간으로부터 부여받은 이미지를 활용해 다양한 공간의 사용 방식을 만들어 낼 수 있다. 그것이 실용적이지 않더라도 말이다.

공간에 관한 이미지와 상상력 논의에서 프랑스의 철학자 모리스 메를로퐁티Maurice Merleau-Ponty는 신체의 역할을 강조한다. 메를로퐁티는 우리가 신체를 통해 공간을 직접 지각하는 행위가 수반되어야 비로소 공간의 이미지를 받아들일 수 있다고 본다.[63] 그 지각은 '내가 매일 지나치는 이 건물은 근대 건축 양식으로 지어졌다'라는 지극히 객관적인 수준일 수도, '이 공터에는 예전에 자그마한 한옥이 있었는데 그 한옥에서는 늘 구수한 냄새가 났다'라고 느끼는 공감각적 감상일 수도 있다. 중요한 것은 도시민들이 공간을 직접적으로 지각해야만 이미지가 발생할 수 있다는 것이다. 인간과 공간은 관계를 맺고 있다. 인간이 특정한 공간을 걷거나 보고 들으며 직접 지각하고 이미지가 수용될 때 공간적 상상력이 가동될 수 있다. 이 상상력은 공간 인식의 변형을 불러오면서 물리적으로만 존재하던 평범한 공간을 구체적인 기호와 의미를 가진 장소로 기억되게 한다. 이는 도시에서 건축물이나 공간 활용 방식을 달리하는 것만으로도 도시민들의 익숙한 지각에 새로운 자극을 줄 수 있다는 점을 의미한다.

이제 을지로는 공간적 상상력이 가장 활발하게 가동될 수 있는, 상상력이 풍요로운 시기로 진입했다. 근대화와 산업 활성화라는 동일한 이미지를 그려 냈던 을지로에 문화예술이라는 이질적인 사회 실천 영역이 들어오면서 지금까지와는 다른 이미지를 내보인다. 게다가 문화예술은 다른 어떠한 영역보다 변주의 가능성과 폭이 넓다. 을지로를 직접 경험하는 정주자들, 즉 장인들과 청년들은 유연한 공간 활용과 다양한 활동을 통해 직접 공간을 지각하고 경험하는 중이다. 이는 같은 지역·내에서도 서로 다른 을지로의 이미지를 정립하고, 서로의 이미지를 받아들이게 한다.

그뿐만 아니라 을지로를 방문하는 이들에게도 다양한 이미지를 제공한다. 도시민들은 단선적이던 을지로에서 새로운 공간적 상상력을 발휘한다. 이제 을지로를 찾은 사람들은 구체적인 경험을 기억에 담으며 이곳을 장소로 인식하고, 자아를 구성하는 일부분으로 삼는다. 상상력을 가동하는 도시민들은 잠재적으로 존재하는 공간 이미지를 얼마든지 발굴해 낼 수 있다. 아직 세상에 드러나지 않은 근대 건축 양식, 장인들이 알음알음 전수해 온 제조업 기술 등은 을지로만의 지역성을 선보이는 이미지의 원천이 될 수 있다. 인간의 상상력을 확장할 수 있는 공간은 부동산 가치의 관점에서 벗어나 새로운 가능성을 보여 줄 수 있다는 의미와 상통한다.

을지로에서는 제조업 장인들, 문화예술가들, 그리고 청년 사업가들이 모여 독창적이고 기발한 제품부터 새로운 삶의 방식까지 만들어 가고 있다. 그리고 을지로 작업실에서 만들어지는 결과물은 서울시민의 일상에 보다 밀착되기 위해 노력한다. 을지로의 변화로 시민들은 을지로에서 더 다양한 이미지를 지각하고 각자의 상상력을 통해 이곳을 더 다양하게 기억하며 즐길 수 있게 되었다. 도심 제조 산업 지역이라는 본연의 가치에서부터 창의 산업, 그리고 문화예술에 이르기까지, 을지로는 무궁무진한 잠재력을 알아보는 사람들을 만나 시민들에게 다시, 화려하게 다가간다.

주

1 _ 삼발이는 이륜 오토바이 뒷부분에 소형 트럭을 붙여 좁은 골목을 지나다닐 수 있게 개조한 용달형 오토바이다. 을지로 일대에 넓게 퍼진 좁은 골목을 돌아다니기에 안성맞춤인 운송 수단으로 을지로에서는 활용도가 높다.

2 _ 박대로, 〈중구, 서울비엔날레서 을지로 재생 논하다〉, 《뉴시스》, 2017. 9. 6.

3 _ 시구개수사업은 1912년, 일제가 실시한 경성의 도로 정비 사업이다. 1912년 시구개수는 오늘날의 을지로3가를 중심으로 한 방사형의 도로 계획으로, 도로를 직선으로 조성하고 격자형의 가로망을 형성했다. 이를 통해 일제는 경성을 근대 도시로 활용하고자 하였다. 을지로가 현재의 이름을 가지기 전, 경성 시구개수사업의 제8노선인 대한문 광장에서 광희문에 이르는 길은 광복 직전까지 남촌의 대표적인 도로가 되었다.
권혁희 외, 《2010서울생활문화자료조사: 세운상가와 그 이웃들》, 서울역사박물관, 2010.

4 _ 서울시 중구청의 소개에 따르면, 을지로 일대는 조선시대에 '구리개(銅峴)'로 불리기도 했다. 이곳의 흙이 구릿빛의 돌 정도로 짙어서 생긴 이름이다. '황금정광장'의 '황금(黃金)' 역시 '구리개'가 의미하는 흙빛으로부터 유래된 것으로 전해진다.
http://www.junggu.seoul.kr/tour/content.do?cmsid=4653

5 _ 권혁희 외, 같은 글.
이어지는 을지로와 세운상가 일대에 대한 역사적 사실의 나열은 해당 참고 문헌을 참고했다.

6 _ 본정통(本町通·혼마치도리)은 '도시의 중심이 되는 길'을 뜻하는 일본어로, 오사카나 교토 등의 도시에서는 아직까지도 흔히 볼 수 있는 지명이다.
박용찬, 〈[우리말 톺아보기] 본정통(本町通)〉, 《한국일보》, 2015. 8. 6.

7 _ 소개공지대(疏開空地帶)는 주로 전쟁에서 공습을 받아 화재가 인접한 곳으로 번지는 것을 방지하기 위해 인공적으로 조성하는 대규모 선형의 빈 지역을 뜻한다.

8 _ 유원지 외, 《2010서울생활문화자료조사: 도심 속 상공인 마을》, 서울역사박물관, 2010.

9 _ 이때 청계천 변에 거주하던 저소득층 도시민들의 대다수는 정책에 의해 당시 경기도 광주군이던 현재의 경기도 광주시로 이주할 수밖에 없었다. '광주대단지사업'으로 부르

는 대규모의 이주 정책이었다.

10 _ 권혁희 외, 같은 글.

11 _ 세운상가군(群) 중 가장 북쪽으로 종묘와 접해 있는 현대상가는 2008년 오세훈 전 서울시장 시절 철거되었다. 이후 '세운초록띠공원'을 거쳐, 2017년 9월 서울시 도시재생 사업 다시·세운 프로젝트에 의해 그 자리에 '다시세운광장'이 들어섰다.

12 _ 〈서울…새 풍속도 ⑪ 도시 속의 도시 세운상가 ①〉,《경향신문》, 1970. 10. 21.

13 _ 필로티(Pilotis) 양식은 필로티라는 기둥을 기반으로 건물을 땅으로부터 들어 올려 인공 대지 위에 건축물을 쌓아 올리는 기법으로, 프랑스 근대 건축가인 르 코르뷔지에(Le Corbusier)로부터 김수근 건축가가 직접적인 영향을 받았음이 드러나는 대목이다. 르 코 르뷔지에는 20세기 중반 프랑스 남부 도시 마르세이유(Marseille)에 위니테 다비타시옹 (Unité d'Habitation)이라는 집합 주택을 건설했는데, 수직적으로 솟아오르는 듯한 건축 물의 특성과 건물 안에서 기본적인 사회생활 영위가 가능하도록 하는 것이 그 특징이다. 최림·김현섭, 〈1960년대 말 김수근의 도시 건축에 나타난 인공 대지에 관한 연구: 세운상 가 및 여의도계획을 중심으로〉,《대한건축학회논문집(계획계)》 제31권 제1호, 95-104.

14 _ 정연춘, 〈서울에 또 하나의 명물, 세운상가 아파트〉,《동아일보》, 1967. 7. 26.

15 _ 을지로와 세운상가 일대에서 상공인들을 대상으로 한 인터뷰는 2016년 10월부터 11월에 걸쳐 필자가 직접 수행했다.

16 _ 김성걸, 〈청계천 을지로 재개발한다〉,《한겨레》, 1998. 2. 5.

17 _ 김성우·이영범 외,《세운상가 그 이상: 대규모 계획 너머》, 공간서가, 2015.

18 _ 전상봉, 〈청계상인 이주잔혹사, 이런 복마전은 없다〉,《오마이뉴스》, 2015. 11. 10.

19 _ 최다영, 〈청계천 복원 사업 착공에서 가든파이브 완공까지〉,《미디어스》, 2014. 6. 26. 유오봉, 〈어메니티와 지역개발에 관한 연구〉,《수도권연구》 2008 제5호, 145-172.

20 _ 전상봉, 같은 글.

21 _ 김재중, 〈[초록보행길 서울역 고가] '차량의 길'서 '사람의 길'로…도심 속 '초록 해 방구'〉, 《국민일보》, 2016. 06. 14.

22 _ 도시재생사업지로 확정되어 2018년 2월 현재 사업이 진행 중인 곳은 다음 13곳이 다. ①서울역 일대 ②창동·상계 일대 ③세운상가 일대 ④낙원상가 일대 ⑤장안평 일대 ⑥장신·숭인 일대 ⑦가리봉 일대 ⑧해방촌 일대 ⑨성수1, 2가동 일대 ⑩신촌동 일대 ⑪ 암사1동 일대 ⑫장위동 일대 ⑬상도4동 일대

23 _ 서울특별시의 《세운상가군 재생사업 「다시·세운 프로젝트」 자료집》을 참고했다.

24 _ 서울시 뉴미디어 《내 손안에 서울》의 포스팅 〈세운상가는 사라지지 않는다…다시 태어날 뿐〉을 참고했다. https://mediahub.seoul.go.kr/archives/993766

25 _ 매거진 《스트리트-h》의 포스팅 〈정지연이 만난 사람 - 077. 책 《서울, 젠트리피케 이션을 말하다》를 펴낸 신현준 교수〉를 참고했다. http://street-h.com/magazine/94520

26 _ 안동환, 〈퇴색한 자본의 공간…예술이 움텄다〉, 《서울신문》, 2018. 1. 1.

27 _ 젠트리피케이션(gentrification)은 영국의 사회학자 루스 글라스(Ruth Glass)가 처 음 사용한 단어다. 런던 도심의 낙후된 지역에 중산층의 전문직 계층이 유입하면서 낙 후된 지역을 지키던 노동자 계급이 그 자리를 내어 주는 상황을 포착해 젠트리피케이 션이라는 단어를 만들었다. 그러나 오늘날 서울, 뉴욕, 런던, 파리 등 대도시에서 언급 되는 젠트리피케이션 현상은 문화예술과 깊은 연관을 맺는다. 주로 임대료가 저렴한 지 역에 문화예술 작업을 목적으로 입주한 문화예술가들에 의해 해당 지역에 독특한 분위 기와 문화가 형성되면서 해당 지역이 유명세를 타고, 이에 따라 상업화가 진행되며 임 대료가 높아져 초기에 입주한 문화예술가들이 임대료가 저렴한 다른 지역으로 밀려나 는 현상을 이야기한다.

28 _ 에드워드 렐프(Edward Relph)에 따르면, '장소'가 '공간'과 다른 점은 인간의 경험 이다. 즉 인간은 직접 공간을 경험해 장소에 대한 성격과 그로부터 얻는 정체성을 결합

한다. '장소성(placeness)'은 활기찬 느낌, 흥미진진한 느낌, 즐거운 느낌 등의 '장소감(sense of place)'과 공간의 구조나 지형적인 특성 등 특정한 장소로부터 나온 종합적인 특성의 결합인 '장소 정신(spirit of place)'으로 구성된다. 여기에서 인간이 공간과 상호작용하며 형성한 정체성이 더해져 총체적인 '장소성'을 구성한다. 한마디로, 특정한 장소를 다른 곳과 구별되게 하는 특징들이 그 장소의 '장소성'이다.

에드워드 렐프, 김덕현 외 역, 《장소와 장소 상실》, 논형, 2005.

이석환·황기원, 〈장소와 장소성의 다의적 개념에 관한 연구〉, 《國土計劃》第32卷 第5 號, 1997. 10, 169-184.

29 _ 로컬리티(locality)란 하나의 지역(local)이 가진 그만의 정체성을 의미하며, 그 지역을 가장 잘 나타내는 특성을 그곳의 정체성으로 삼는 것이다. 특히 한국 사회에서는 1990년대 이후 지방 자치가 시작되면서 지역의 고유한 특성을 강조하는 것이 중요해졌고, 이로 인해 로컬리티 논의가 활발해졌다. 로컬리티를 지역성으로 번역해 사용하지 않는 이유는 한국어에서 '지역성'이 가진 의미가 너무 다양할 뿐만 아니라 현대에는 개별 국가를 넘어서는 영역 역시 지역으로 지칭하기 때문이다.

김용규, 〈로컬리티의 문화정치학과 비판적 로컬리티 연구〉, 《한국민족문화》 (32), 2008. 10, 31-69.

30 _ 박종일, 〈을지유람·을지로 디자인·예술프로젝트 최우수상 수상〉, 《아시아경제》, 2017. 8. 16.

31 _ 해당 지원 사업은 2017년 전국 기초자치단체장 매니페스토 우수사례 최우수상을 받을 만큼 민관 협동의 좋은 예시로 꼽힌다.

32 _ Rosalyn Deutsche, 《Evictions: Art and Spatial Politics》, Cambridge: MIT Press, 1996.

33 _ 권미원은 이를 '장소 특정적 미술'이라고 얘기했지만, 필자는 미술뿐만 아니라 최근에 발생하는 다양한 문화예술 영역의 실천이 장소성을 포함한다는 점을 생각하여 '장소 특정적 예술'로 바꾸어 이야기한다.

권미원, 《장소 특정적 미술》, 현실문화, 2013.

34 _ 세 가지의 흐름은 필자의 석사 학위 논문 4장 〈세운상가의 공간적 상상력〉에서 제

시한 흐름을 수정, 보완한 것임을 밝힌다.
김미경, 《장소 특정적 예술의 공간적 상상력: 서울 세운상가를 중심으로》, 서강대학교 사회학과 석사학위 논문, 2016.

35 _ 이종호·김태형·김성우, 《Hyperpolis 서울 을지로: 창발로 바라본 12개의 도시 건축적 시선》, 우리북, 2012.

36 _ R3028은 서울시 중구 창경궁로나2길에 위치한 시각예술 기반 전시 공간으로, 창작자이자 교육자인 젊은 예술가들이 구성한 문화예술 그룹이다. 특히 이들은 시간을 품은 을지로 골목에 예술을 접목시키는 데에 천착한다. https://www.facebook.com/R3028/

37 _ 800/40은 세운 대림상가에 위치한 시각예술 기반 전시 공간으로, 다양한 형태의 문화예술을 선보였다. 2013년 동대문구 이문동에서 출발한 이 단체의 이름은 '팔백에 사십'이라고 읽으며, 각기 보증금과 월세를 뜻한다. 2015년 대림상가에 입주하며 창작자들의 작품을 판매하는 '300/20', 독립 출판물을 판매하는 서점 '200/20'과 함께 했다. 이후 2017년 1월 활동 종료를 선언했다. 지난 작업들은 사이트 www.80040.org에서 볼 수 있다.

38 _ 을지로 하와이는 2015년 세운 청계상가에 입주한 창작 그룹 및 공간으로, '세운상가는 예술가들의 하와이'라는 뜻에서 붙인 이름이다. 프로젝트와 전시 및 소모임, 세미나 등의 방식으로 작가들의 창작 활동과 교류, 친목의 장을 추구한다. https://www.facebook.com/euljirohawaii/

39 _ 크랭크(crank)는 왕복 운동을 원형 회전 운동으로 변환하는 기계요소로, 흔히 자전거나 재봉틀에서 발견할 수 있다. 사람의 다리가 위아래의 왕복 운동을 하면 다리에서 가해지는 힘이 페달에 가해지고, 페달은 크랭크에 의해 회전 운동을 한다.
기술사랑연구회, 《Basic 중학생을 위한 기술·가정 용어사전》, 신원문화사, 2007.

40 _ 고재열, 〈'세운대 예술과'를 아시나요〉, 《시사IN》, 2016. 6. 16.

41 _ '선생님 좋아요'는 2015, 2016년에 을지로 일대의 문화예술가들이 공동으로 기획하여 개최한 축제 '세운상가 좋아요, 대림상가 좋아요, 청계상가 좋아요'의 프로그램 중 하나다.

42 _ 미술사학자인 로잘린 도이치(Rosalyn Deutsche)는 이렇게 장소로부터 유래된 요소들을 포함하는 예술을 '장소 특정적 미술(site-specific art)'로 명명했다.
권미원, 같은 글.

43 _ 피에르 부르디외·로익 바캉, 《성찰적 사회학으로의 초대》, 그린비, 2015.
김동일, 《예술을 유혹하는 사회학: 부르디외 사회이론으로 문화읽기》, 갈무리, 2010.

44 _ Nathalie Heinich, 《Le Paradigme de l'art contemporain》, Gallimard, 2014.

45 _ Nathalie Heinich, 같은 글.

46 _ Nathalie Heinich, 같은 글.

47 _ 김동일, 같은 글.

48 _ 황교익, 〈을지로 골뱅이는 언제부터 유명했을까〉, 《시사인》, 2012. 3. 16.

49 _ 박찬일, 〈을지로 야장, 오비베어〉, 《아레나옴므》, 2016. 8. 24.

50 _ 윤민혁, 〈[비즈 르포] '37년 역사' 을지로 노가리 골목…'한국의 옥토버페스트' 만든다〉, 《조선비즈》, 2017. 5. 18.

51 _ 전아론, 〈이런 곳이 숨어 있었다고? 힙 터지는 을지로 투어 5〉, 《대학내일》, 2017. 8. 10.
김신지, 〈[지금 가장 힙한 복고]2. 복고풍 힙 플레이스〉, 《대학내일》, 2017. 9. 14.
김민기·임희윤, 〈[맨 인 컬처]'東에 西에 번쩍' 힙스터…넌 대체 누구냐?〉, 《동아일보》, 2017. 9. 13.
최정아, 〈한혜진-이규한, 'SNS에서 화제' 을지로 핫 플레이스 탐방기〉, 《스포츠월드》, 2016. 10. 12.
박미향, 〈을지로엔 침대 없는 호텔, 한약 없는 한약방이 있다?〉, 《한겨레》, 2016. 3. 23.
등을 참고했다.

52 _ Nordby, Amanda, 〈What Is The Hipster?〉, 《Spectrum》, 25th edition, Center

for Writing Across the Curriculum, Saint Mary's College of California, 2013, 52-64.
Mary, Ico and Varis, Piia, 〈The 21st-century hipster: On micro-populations in times of superdiversity〉,《European Journal of Cultural Studies》, 2016, Vol. 19(6), 637-653.

53 _ 〈Urban Dictionary〉, https://www.urbandictionary.com/define.php?term=hipster 를 참고했다. (접속일 2017. 11. 7.)

54 _ Mary, Ico and Varis, Piia, 같은 글.

55 _ Cowen, Deborah, 〈Hipster Urbanism〉,《Relay》, 2006 September/October, 22-23.5

56 _ 중구청, 중소기업청, 소상공인진흥공단은 재래시장 살리기 공모사업을 통해 을지로 인현상가 인근에 위치한 재래시장인 인현시장의 빈 점포에 청년들이 입주하도록 돕고, 월 임차료를 일부 지원한다.

57 _ 김홍중, 〈서바이벌, 생존주의, 그리고 청년 세대〉,《한국사회학》제49집 1호, 2015. 2, 179-212.

58 _ 김홍중, 같은 글.

59 _ 제인 제이콥스, 유강은 역,《미국 대도시의 죽음과 삶》, 그린비, 2010.

60 _ 유평근·진형준,《이미지》, 살림, 2001.

61 _ 가스통 바슐라르, 정영란 역,《공기와 꿈》, 이학사, 2000.

62 _ 신지은, 〈사회성의 공간적 상상력〉,《한국사회학》46(5), 2012. 10, 323-351.

63 _ 모리스 메를로퐁티, 류의근 역,《지각의 현상학》, 문학과 지성사, 2002.

북저널리즘 인사이드

을지로에는
특별한 것이 있다

을지로가 낯설어졌다. 소위 '아재'들만 가득하던 노가리 골목엔 언젠가부터 젊은 단골들이 생겨나기 시작했다. 새벽까지 즐길 거리가 넘치는 종로나 광화문을 옆에 두고 굳이 열한 시면 모든 가게가 문을 닫는 을지로를 멀리서 찾아오기도 한다. 죽어 가는 제조업 지역 혹은 오피스타운으로 불리던 을지로는 이제 가장 '핫'한 지역이 되었다.

연일 사람들의 입에 오르내리는 것과 달리, 을지로의 풍경은 흔들림 없이 고요하다. 소문을 듣고 을지로를 처음 찾은 사람이라면 고개를 갸웃할 수밖에 없다. 이름난 카페나 식당은 보이지 않고 자재상과 인쇄소, 철공소만 빼곡히 들어서 있기 때문이다. 지도를 들고 구불구불한 골목을 몇 번이고 헤맨 후에야 자신의 존재를 알리지 않겠다는 듯 숨어 있는 가게를 발견할 수 있다. 이런 을지로의 모습은 어딜 가나 카페와 식당이 즐비한 연남동이나 성수동과는 다른 분위기를 자아낸다.

요즘 뜨는 동네의 트렌드는 낡은 건물을 허물지 않고 리모델링하는 '빈티지'다. 그러나 오래된 건물을 활용했다는 공간의 내부를 들여다보면 원래의 용도나 지역성과는 무관한 카페와 식당이 운영되고 있다. 어느 동네에 있어도 어색하지 않을 법한 비슷한 공간들에서는 다른 공간과 구분되는 고유한 정체성을 찾기 어렵다. 오래도록 쌓여 온 '장소'로서의 구체적인 경험과 기억은 사라지고 물리적 영역, 즉 '공간'만이 남았기 때문이다.

반면, 을지로에 새로이 입주하는 이들은 제조업 상공인들의 세월과 경험, 기억을 존중하며 새로운 도시의 모습을 함께 그려 나간다. 시간을 켜켜이 쌓아 온 '오래됨'의 가치를 눈요깃거리로 전락시키지 않고, 스스로의 삶에 끌어올 방법을 고민하며 가장 '을지로다운' 것이 무엇인지 생각한다. 장인들의 시간과 청년들의 시간이 얽히면서 만들어 낸 을지로만의 장소성은 을지로를 그 자체로 의미 있게 한다. 동시에 이곳을 찾는 사람들이 이곳에서만의 특별하고 구체적인 기억을 가져갈 수 있도록 만든다.

밋밋하고 평평한 도시에 싫증 난 사람들이 을지로를 찾기 시작했다. 그렇지만 사람들이 밀려든다고 이곳만의 분위기가 사라지지는 않을 것이다. 변화의 바람 속에서도 단단하게 지탱해 줄, 을지로만의 특별함이 있기 때문이다. 변화하는 동네의 내일이 기대되는 이유다.

송수아 에디터